墨香财经学术文库
"十二五"辽宁省重点图书出版规划项目

U0656719

基于环境规制的海洋战略性新兴企业技术创新研究

Research on Technological Innovation of Marine Strategic
Emerging Enterprises Based on Environmental Regulation

马鹤丹　著

东北财经大学出版社
Dongbei University of Finance & Economics Press
大连

图书在版编目（CIP）数据

基于环境规制的海洋战略性新兴企业技术创新研究 / 马鹤丹著．一大连：东北财经
大学出版社，2023.11
（墨香财经学术文库）
ISBN 978-7-5654-5015-0

Ⅰ．基… Ⅱ．马… Ⅲ．企业创新-研究-中国 Ⅳ．F279.23

中国国家版本馆CIP数据核字（2023）第197280号

东北财经大学出版社出版发行

　　大连市黑石礁尖山街217号　邮政编码　116025

　　网　　址：http://www.dufep.cn

　　读者信箱：dufep@dufe.edu.cn

大连图腾彩色印刷有限公司印刷

幅面尺寸：170mm×240mm　字数：117千字　印张：9.75　插页：1
2023年11月第1版　　　　　2023年11月第1次印刷
责任编辑：蔡　丽　　　　　责任校对：惠恩乐
封面设计：原　皓　　　　　版式设计：原　皓
定价：58.00元

教学支持　售后服务　联系电话：（0411）84710309
版权所有　侵权必究　举报电话：（0411）84710523
如有印装质量问题，请联系营销部：（0411）84710711

本书受深圳市人文社会科学重点研究基地项目（2021—2023）资助

前言

　　海洋战略性新兴产业作为海洋经济发展的加速器和战略重点，其发展水平关系到我国海洋产业结构的转型升级与"海洋强国"目标的实现。近年来，海洋新能源产业、海洋高端装备制造业、海水综合利用业、海洋生物医药业等海洋战略性新兴产业规模不断扩大，但与其定位尚有不小差距，产业发展仍延续传统产业的发展模式，注重规模扩张，而关键核心技术薄弱，环境问题较为突出，技术先进、高附加值、对资源和环境损害小等优势尚未充分显现。党的二十大报告作出了"发展海洋经济，保护海洋生态环境，加快建设海洋强国"的战略部署，明确强调经济与环境的协同发展是建设海洋强国的根本要求。因此，政府为解决"经济增长"与"生态环境约束"的难题，实施了多种环境规制政策，以期在解决环境污染问题的同时，倒逼海洋战略性新兴企业实施技术创新，实现经济与环境的双赢。

在资源与环境的双重约束下，环境规制会对海洋战略性新兴企业的技术创新产生挤出效应还是补偿效应？基于这一问题，本书以波特假说、技术创新、市场失灵等为理论基础，以分析环境规制对海洋战略性新兴企业技术创新的影响机理为研究目的，基于我国海洋战略性新兴企业的面板数据，采用固定效应模型，检验环境规制对海洋战略性新兴企业技术创新的影响；揭示政府补助对二者关系的调节作用，探究环境规制对海洋战略性新兴企业技术创新影响的组态特征，提出基于环境规制的海洋战略性新兴企业技术创新策略。为此，本书将主要从三个方面展开分析：

第一，环境规制对海洋战略性新兴企业技术创新影响的实证分析。根据我国海洋战略性新兴企业的面板数据，采用固定效应模型，检验环境规制、政府补助对海洋战略性新兴企业技术创新的影响，以及政府补助对二者之间关系的调节作用，并进一步分析企业规模、产权性质等企业异质性。

第二，环境规制对海洋战略性新兴企业技术创新影响的组态特征。本部分将环境规制划分为命令控制型、市场激励型、自愿型以及隐性环境规制4种类型，并从组态视角出发将各类环境规制以及海洋战略性新兴企业技术创新纳入同一研究框架，构建研究模型，随后以30家海洋工程装备制造业上市企业为研究样本，运用模糊集定性比较分析（fs-QCA）方法，探究环境规制影响海洋战略性新兴企业技术创新的组态特征。

第三，基于环境规制的海洋战略性新兴企业技术创新策略。在上述研究的基础上，从构建环境规制体系，优化命令控制型、市场激励型、自愿型以及隐性环境规制，技术创新体制机制建设等方面提出基于环境规制的海洋战略性新兴企业技术创新策略。

总之，本书将强调高成长性和高创新性的海洋战略性新兴企业作为研究样本，充分考虑了不同类型、不同强度环境规制对其技术创新所具有的不同影响，深入探讨了环境规制对海洋战略性新兴企业技术创新的影响，以期拓展海洋企业技术创新的影响因素研究，丰富环境规制异质性理论，并为政府部门构建多元化的环境规制体系、制定环境规制政策、完善技术创新体制机制提供决策参考。

本书受深圳市人文社会科学重点研究基地项目（2021—2023）资助。感谢董雨欣、周明明、房娜、高永波、叶楠、董盼龙等为本书的付出，特别感谢李丽霞、张琬月对本书的倾力帮助。

作　者
2023 年 7 月

▌目录

第1章 绪论

1.1 研究背景与问题提出

1.1.1 研究背景

随着我国"海洋强国"战略的不断推进，海洋经济持续增长，海洋产业规模不断扩大，发展质量不断提升，发展潜力与韧性持续彰显。2022年，全国海洋生产总值为 94 628 亿元，比上年增长 1.9%，占国内生产总值的比重为 7.8%。其中，海洋战略性新兴产业保持较快增长势头，增加值达 1 926 亿元，比上年增长 7.9%。①海洋战略性新兴产业代表新一轮海洋科技革命和产业变革的方向，是国家培育发展新动能、赢得未来竞争新优势的关

---

① 《2022年中国海洋经济统计公报》。

键领域。目前，海洋战略性新兴产业规模占主要海洋产业的比重不高，产业发展仍延续传统产业的发展模式，注重规模扩张，而关键核心技术薄弱，自主创新能力不强，环境问题较为突出，技术先进、附加值高、对资源和环境损害小等优势尚未充分显现。党的二十大报告作出"发展海洋经济，保护海洋生态环境，加快建设海洋强国"的战略部署，明确强调经济与环境的协同发展是建设海洋强国的根本要求。

政府为解决"经济增长"与"生态环境约束"的难题，实施了多种环境规制政策，以期在解决环境污染问题的同时，倒逼海洋战略性新兴企业实施技术创新，实现经济与环境的双赢。当前，我国的环境规制政策表现为命令控制型与市场激励型两种环境工具共同主导，将其他环境规制类型作为辅助。《生态环境行政处罚办法》《中华人民共和国环境保护税法》就是典型的命令控制型与市场激励型两种环境规制政策。这些环境规制政策的实施，释放了我国环境规制强度在不断提高的信号，这无疑给海洋战略性新兴企业的发展提出了更高的要求。立足于我国海洋经济发展的现实，技术创新成为海洋战略性新兴企业提高资源利用效率、实现海洋经济绿色发展、建设海洋生态文明的有效途径。但是，由于海洋战略性新兴企业高技术性、高创新性的特点，在资源与环境的双重约束下，污染治理投入会对海洋战略性新兴企业的技术产生挤出效应还是补偿效应？这一问题值得深入思考。波特假说为解决上述问题提供了理论基础。自波特等（1995）提出"适度的环境规制可以引致企业创新"这一观点以来，围绕该观点的研究一直在持续进行中，学者们多以工业企业为研究对象对波特假说进行验证，众多研究成果为本书厘清了环境规制与企业技术创新之间的理论逻辑与作用机理。在此基础上，本书将聚焦海洋经济系统，探究环境规制对海洋战略性新兴企业技术创新的影响。

1.1.2　问题提出

关于环境规制与海洋战略性新兴企业技术创新的研究，本书将致力于回答以下三个问题：

（1）环境规制如何影响海洋战略性新兴企业技术创新

关于环境规制对企业技术创新的影响，很多学者在研究中证实了波特假说的成立，也有学者对此得出相反的结论，认为环境规制导致企业污染治理成本增加，将对企业研发投资产生挤出效应，不利于其进行研发创新。此外，也有学者认为环境规制与企业技术创新的关系并非单一的线性关系，而是非线性的，即可能是 U 形、倒 U 形或存在门槛效应。本书将强调高成长性和高创新性的海洋战略性新兴企业作为研究样本，探讨环境规制对这类企业技术创新的影响机理。

（2）政府补助在环境规制与海洋战略性新兴企业技术创新之间的作用机制

近年来，各级政府陆续出台了一系列支持海洋战略性新兴产业发展的政策措施，引导企业技术创新，突破"卡脖子"关键技术，如设立海洋战略性新兴产业发展基金、研发费用加计扣除、税收减免或返还等优惠措施，政府补助已然成为影响海洋战略性新兴企业技术创新的又一关键变量。随着研究的深入，政府补助在环境规制与企业技术创新间的作用表现成为学者们关注的焦点。一种观点认为，政府补助能够补偿企业技术创新的外部性风险，还可以通过信号传递为企业带来外部投资。另一种观点认为，政府和企业之间存在比较严重的寻租行为，可能导致政府补助无法产生正面效果，同时造成资源要素价格上涨，使该类企业对政府补助产生依赖，不利于提升企业的技术创新水平。那么，政府补助对海洋战略性新兴企业技术创新的影响是正向还是负向的，以及政府补助如何调节环境规制与海洋战略性新兴企业技术创新之间的关系，本书将对此展开进一步分析。

（3）各类环境规制的组合如何影响海洋战略性新兴企业技术创新

虽然学者们已关注到环境规制的异质性对企业技术创新的影响，并提出了企业技术创新效果受不同类型环境规制影响而表现出差异的结论，但因研究方法的局限性，研究进程往往止步于此，没有进一步探究各类环境规制之间可能存在的相互作用会导致不同类型、不同强度的环境规制组合对海洋战略性新兴企业技术创新产生不同的效果。本书将采用模糊集定性比较分析方法，研究环境规制对海洋战略性新兴企业技术创新影响的组态效应，揭示各类环境规制与海洋企业技术创新之间的因果复杂性关系。

1.2 研究目的与研究意义

1.2.1 研究目的

本书以波特假说、市场失灵、技术创新、环境规制异质性等理论为理论基础，以分析环境规制对海洋战略性新兴企业技术创新的影响机理为研究目的，基于我国海洋战略性新兴企业的面板数据，采用固定效应模型，检验环境规制对海洋战略性新兴企业技术创新的影响；揭示政府补助对二者关系的调节作用；探究环境规制对海洋战略性新兴企业技术创新影响的组态特征；提出基于环境规制的海洋战略性新兴企业技术创新策略。

1.2.2 研究意义

在理论意义上，现有关于环境规制对技术创新影响的研究，学者多从重污染行业、制造行业等陆域经济系统的角度展开研究，少有文献基于海洋经济系统分析二者之间的关系；多从单一环境政策的视角研究其对技术创新的影响,忽视了政府干预的政策组合对技术创新的影响;多从单一环境规制类型的视角分析对技术创新的影响,没有进一步探究不同类型、不同强度的环境规制组合对技术创新的作用结果。因此,本书引入政府补助这一调节变量,研究其对环境规制和海洋战略性新兴企业技术创新之间关系的调节效应,并充分考虑了不同类型、不同强度环境规制对企业技术创新所具有的不同影响,对各类型环境规制间的相互作用以及对技术创新的共同作用进行了研究。本研究进一步拓展了海洋企业技术创新的影响因素研究,丰富了环境规制异质性理论。

在现实意义上,目前,环境与发展问题已经严重影响我国海洋经济的健康发展。基于此,如何制定有效的环境规制政策和政府补助政策,激励海洋战略性新兴企业进行技术创新,实现"经济增长"与"环境保护"的双赢就显得尤为重要。因此,本书在分析环境规制、政府补助与海洋战略性新兴企业技术创新三者关系以及探讨环境规制对海洋战略性新兴企业技术创新影响的组态特征的基础上,提出基于环境规制的海洋战略性新兴企业技术创新策略。

本书通过研究环境规制、政府补助对海洋战略性新兴企业技术创新的影响,可以为政府构建多元化的环境规制体系、制定环境规制政策和政府补助政策提供理论参考,同时为海洋战略性新兴企业应对环保压力、提高技术创新水平提供决策依据。

1.3 文献综述

1.3.1 环境规制对企业技术创新的影响

现有研究中,环境规制与企业技术创新之间的关系主要表现在以下四个方面:

（1）环境规制抑制企业技术创新

新古典经济学理论认为企业技术创新需要投入大量的资金成本，而环境规制的实施会迫使企业为减少环境污染而增加生产经营成本，从而降低企业对于技术研发的投入，抑制企业的技术创新。因此，有学者认为在环境规制的约束下，企业创新能力会有所下降（Gray，1987），尤其是当企业自身的环境成本在经营总成本中占比较高时，环境规制对企业技术创新的抑制作用就更为明显（Langpap & Shimshack，2010）。

Wagner（2007）研究发现，环境规制的实施水平仅对企业环境过程创新具有正向影响，对于企业总体专利水平等呈现负相关。

Ramanathan 等（2010）运用英国行业层面的数据，借助结构方程模型分析了环境规制、技术创新以及经济绩效之间的关系。研究发现，在算期内，环境规制会对企业技术创新产生负面影响。

Kneller 和 Manderson（2012）利用2000—2006年的英国制造业数据，通过创建创新行为的动态模型，研究了环境规制与创新之间的关系。研究结果表明，环境规制对企业研发总支出并没有促进作用，反而会降低企业非环境创新的研发支出，从而阻碍企业的技术创新。

解垩（2008）借助1998—2004年中国31个省（自治区、直辖市）的工业数据，研究得出结论：环境规制对技术进步具有抑制作用，污染投资增加会负向影响技术效率。

谢乔昕（2016）运用沪深A股上市公司样本数据，探究了环境规制与企业研发投入的影响。研究结果表明，环境规制会抑制企业的研发投入，且当环境规制强度较低时，抑制效果更为明显。

杨烨和谢建国（2019）探究了数量型和价格型两种环境规制

对技术减排的影响。研究表明，环境规制在不同强度区间时会抑制企业技术创新，从而导致碳排放的加剧。

（2）环境规制促进企业技术创新

该观点认为环境规制能够倒逼企业技术创新，使得企业通过技术创新打破环境规制瓶颈，进一步获得创新补偿效应（Dechezleprêtre et al.，2015）。

Hamamoto（2006）探究了环境规制强度对创新活动的影响，结果表明，环境规制与技术创新呈正相关关系，即当污染治理投入增加时，企业研发投入也会增加，并进一步促进全要素生产率的提升。

Yang 等（2012）利用1997—2003年的行业面板数据，运用污染治理费用衡量环境规制强度，运用研发投入衡量企业技术创新，探究环境规制与企业技术创新之间的关系。研究发现，两者之间存在正相关关系，意味着严格的环境规制能够提升而不是降低工业竞争力。

Sen（2015）探讨了跨国情境下的汽车行业中环境规制与企业技术创新的关系。研究认为，在一定的条件下，环境规制能够提高研发投入的整体水平，从而减少污染。

Guo 等（2017）运用结构方程模型研究得出，环境规制对技术创新具有较强的促进作用。

叶祥松和彭良燕（2011）研究发现，实施环境规制后，各地区的环境技术水平以及全要素生产率水平均出现了一定程度的增长。

张倩（2015）则借助30个省（自治区、直辖市）的数据，通过面板数据分析模型，对环境规制与不同类别技术创新之间的关系展开研究，发现环境规制在技术开发、技术转化、绿色工艺以及绿色产品创新等类型的技术创新方面均具有较强的促进作用；但由于各地区间存在经济发展水平不同等情况，环境规制对各类型技术创新的作用存在一定的区域异质性。

任优生和任保全（2016）则对战略性新兴产业上市公司的数据进行了分析。研究结果表明，环境规制能够促进企业技术创新，尤其是对低研发强度或者高研发强度的企业的促进作用更为明显。

赵莉等（2019）探究了重污染行业中环境规制与企业技术创新的关系。研究发现，对于重污染行业而言，环境规制对于企业技术创新具有显著的激励作用，增强环境规制强度能够促进重污染行业企业进行技术创新。研究采用主成分分析法，运用2007—2017年中国A股制造业上市公司非平衡面板数据，探究了环境规制、融资约束与企业技术创新三者间的关系，结果表明，当政府加强环境规制力度时，能够显著促进企业创新能力，具体则表现为企业加大了研发投入。

张克森（2019）针对隐性环境规制对企业节能减排的作用展开了研究，发现虽然整体来看，隐性环境规制对节能减排的约束力度较弱，但隐性环境规制能够通过舆论压力倒逼技术创新，从而降低技术进步对能源的消耗，实现节能减排。

崔登峰和李博文（2019）以重污染行业上市公司为样本，研究了环境规制、营销能力以及企业技术创新之间的关系。研究发现，环境规制对企业的技术创新具有显著正向作用，环境规制强度增大会迫使企业进行资源整合与技术革新。

熊航等（2020）借助中国30个省（自治区、直辖市）规模以上工业企业的面板数据，探究了市场激励型环境规制与命令控制型环境规制对企业技术创新的影响。研究结果显示，两种类型的环境规制对企业技术创新均具有促进作用，相比于对企业技术引进的作用而言，两者对于企业技术研发投入的激励作用更大。

（3）环境规制与企业技术创新之间存在非线性关系

Blind（2012）认为不同类型的规制会对创新产生不同的影

响，就算是同一种规制也会以不同的方式影响创新，并借助不同经合组织国家的数据进行了探究，结果表明环境规制与研发创新的关系呈 U 形，并存在短期与长期效应之分。

Brechet 和 Meunier（2012）分析了环境规制与清洁技术创新的影响，研究发现环境规制强度与绿色技术创新之间并不是单调的关系。

张成等（2011）通过构建环境规制强度与技术创新之间的数理模型，借助工业企业面板数据，研究发现，环境规制强度与企业技术创新之间存在 U 形关系。

李婧（2013）以我国大中型工业企业作为研究样本，对环境规制与企业技术创新效率之间的关系展开研究，得出结论：环境规制与企业技术创新效率之间并非简单的线性关系，而是呈现 U 形关系，即企业技术创新效率随着环境规制强度的增强先减小后增加。

蒋伏心等（2013）借助 2004—2011 年江苏省工业企业的面板数据研究了环境规制与企业技术创新之间的关系，得出了与前者相同的结论：环境规制与企业技术创新之间呈现 U 形关系。

王杰和刘斌（2014）通过建立数理模型，以 1998—2011 年的中国工业企业数据为研究样本，探究了环境规制与企业全要素生产率的关系，结果表明两者之间存在倒 N 形关系，即当环境规制强度处于较低水平时，企业排污成本较小，环境规制无法促进企业进行技术创新，因此全要素生产率会降低；当环境规制强度逐渐增强至一定强度，且处于合理强度范围内时，企业感受到了环保压力，会加强技术创新；但若环境规制强度过高，超过企业承受范围后又会抑制企业技术创新，进而全要素生产率下降。

蔡乌赶和李青青（2019）运用 Sys-GMM 估计法分析了命令

控制型、市场激励型以及公众参与型环境规制对企业生态技术创新的作用，研究表明，三类环境规制对企业技术创新的作用均呈现出 U 形的曲线关系。

于鹏等（2020）运用面板负二项回归对环境规制与企业技术创新之间的关系进行了研究，结果表明，两者之间存在倒 U 形关系，即环境规制对企业技术创新的作用随着其强度的增强先增大后减小，同时存在一定的区域异质性。

（4）环境规制对企业技术创新无影响

Schmutzler（2001）认为环境规制对创新补偿的作用机理非常复杂，创新补偿收益不一定会超过成本。

江珂和卢现祥（2011）利用中国 1997—2007 年 29 个省（自治区、直辖市）的面板数据实证分析了环境规制对中国三类技术创新能力的影响，结果表明，环境规制对我国技术创新没有显著的正影响。环境规制必须与一定的人力资本相结合才能对技术创新有一定的推动作用，其中，对东部、中部技术创新能力的提升有显著的促进作用，对西部区域几乎没有影响。

Becker（2011）利用包含了环境规制强度的三要素柯布道格拉斯生产函数进行估算，验证了环境规制与制造业企业生产率之间的关系。结果显示，无论是遵从成本高的企业还是一般企业，环境规制对制造业企业的生产率并没有统计上的显著影响。

龙小宁和万威（2017）利用 1998—2007 年中国工业企业数据进行实证检验，发现没有证据表明实施清洁生产标准能够促进企业技术创新。

1.3.2　不同类型环境规制对技术创新的影响

（1）命令控制型环境规制对技术创新的影响

命令控制型环境规制是指立法或行政部门制定的、旨在直接影响排污者作出利于环保选择的法律、法规、政策和制度。属于该类型的工具包括为企业确立必须遵守的环保标准和规范、规定企业必须采用的技术等（赵玉民等，2009）。已有研究表明，命令控制型环境规制可能会促进技术创新。

Hamamoto（2006）发现，命令控制型环境规制不仅推动了创新活动的发展，还通过刺激研发支出增加提升企业全要素生产率。此外，命令控制型环境规制可能会抑制技术创新。

Mickwitz 等（2008）认为，在命令控制型环境规制下，企业一旦达到规定标准，就没有继续创新的动力，所以它们更多地促进了现有技术的扩散，而非技术创新。

Li 等（2018）基于 2004—2016 年中国省际数据，运用空间计量模型探讨了命令控制型环境规制政策对环境技术创新的影响。结果表明，命令控制型环境规制对全国和东部地区的环境技术创新具有显著的不利影响。此外，命令控制型环境规制可能对技术创新无影响。

Pan 等（2019）基于 2006—2015 年中国省级面板数据，运用有向无环图（DAG）和结构向量自回归（SVAR）方法研究了环境规制、技术创新和能源效率之间的内在动态关系。研究表明：命令控制型环境规制对技术创新的影响不明显。

周迪等（2022）以被称为史上最严格的命令型环境规制（《大气污染防治行动计划》）为例，结合中国 2011—2017 年的微观企业数据，采用双重差分以及三重差分方法系统考察了命令型环境规制对企业创新活动的影响。研究发现：不管 2011—2015 年的整体效应还是 2014—2017 年逐年的动态效应，"大气十条"对企业研发创新活动都没有显著的推动作用。

（2）**市场激励型环境规制对技术创新的影响**

以市场为基础的激励性环境规制指的是政府利用市场机制设计的旨在借助市场信号引导企业排污行为激励排污者降低排污水

平或使社会整体污染状况趋于受控和优化的制度。属于该类型的工具包括排污税费、使用者税费、产品税费、补贴、可交易的排污许可证、押金返还等（赵玉民等，2009）。

基于排污权交易视角，涂正革和谌仁俊（2015）研究发现，尽管排污交易权在一定程度上缓解了现阶段SO_2排污权配置的严重无效率问题，但从现实和潜在两个角度观察，SO_2排放权交易试点政策在我国均未产生波特效应。

胡珺等（2020）基于中国2013年开始试点实施的碳排放权交易机制，考察市场型环境规制对中国企业技术创新的影响。研究发现：碳排放权交易机制的实施显著推动了企业的技术创新，且碳市场的流动性越强，该市场激励型环境规制对企业技术创新的推动作用就越明显。

在此基础上，Liu和Sun（2021）、曹翔和苏馨儿（2023）分别基于2003—2017年中国省际面板数据和2009—2019年城市面板数据，运用双重差分法评估碳排放权交易机制对碳中和技术创新的影响。研究发现：碳交易政策通过增加研发资本投入和增加研发人员投入两种作用机制显著促进了试点地区的碳中和技术创新，该促进作用在政策实施后的短期和长期内均显著存在，且在长期中更大。

基于环保"费"改"税"政策视角，孙雪娇和甄叶（2020）以2009—2018年中国A股重污染行业上市公司为研究样本，研究环保"费"改"税"政策实施对企业创新投入的影响。研究发现，环保"费"改"税"政策实施后，企业创新投入显著降低。检验其作用机理发现，环保"费"改"税"政策的实施通过增强企业的融资约束程度、提高经营风险以及降低企业的业绩表现来降低企业创新投入。

Jiang等（2022）以中国A股制造业上市企业为研究样本，构建了环境保护补贴、环境税收与企业绿色创新的理论框架。实证结果表明，环境税征收与企业绿色创新之间呈先抑制后促进的U形关系。

基于能源价格调整视角，陈宇峰和朱荣军（2018）利用中国制造业28个子行业的动态面板数据，讨论第三次全球性能源危机中高涨的能源价格是否会诱致中国制造业的技术创新活动。研究表明：能源价格高涨有效地诱致了中国制造业的研发投入，但诱致效应因行业能耗强度和研发密度的不同而存在显著差异，且能源价格高涨的诱致性技术创新效应在高能耗制造业中较弱，在中等能耗行业中则最强。

Kong等（2020）认为，虽然能源价格上涨可能会通过损害企业利润来减少研发投资和创新，但高昂的投入成本可能要求企业积极响应节能努力，最终将增强企业创新。来源于中国制造业上市公司的数据支持诱导创新假说，表明能源价格显著提升了企业的创新能力。

（3）自愿型环境规制对技术创新的影响

自愿型环境规制是指由行业协会、企业自身或其他主体提出的、企业可以参与也可以不参与、旨在保护环境的协议、承诺或计划。属于该类型的工具包括环境认证、环境审计、生态标签、环境协议等（赵玉民等，2009）。

自愿型环境规制因其灵活治理、快速调节和高效响应的特点能够弥补命令型和市场型环境规制的局限（殷继国，2019），成为传统环境规制工具的有益补充。部分学者认为，自愿型环境规制能促进企业技术创新的发展。

例如，任胜钢等（2018）对2011—2015年中国制造业企业进行研究发现，以ISO 14001环境管理体系为代表的自愿型环境规制能促进企业绿色技术创新。秦颖和孙慧（2020）选取2013—2017年沪深A股重污染行业上市公司为样本，采用基于倾向匹配得分法基础上的双重差分法和多元线性回归模型，检验了自愿参与型环境规制对企业研发创新的影响。研究结果表明：自愿参与型环境规制有利于企业研发创新。

Jiang 等（2020）对 2010—2015 年 403 家中国制造业企业的面板数据研究后发现，自愿性环境信息披露和环境管理体系认证均对企业创新投资产生积极影响，且与环境信息披露的影响相比，环境管理体系认证对企业创新投入的影响更为显著。

阮敏和肖风（2022）基于 2011—2019 年 730 家沪深 A 股上市企业面板数据，采用负二项回归模型和倾向得分匹配法，亦发现自愿参与型环境规制对企业技术创新具有正向影响。

然而，也有学者认为，自愿型环境规制虽能提高企业利润，但政府对环保活动宣传的忽视致使地方环境保护意识较为缺乏，即自愿型环境规制对创新活动的激励作用不大（王红梅，2016；郭庆宾等，2017）。

（4）隐性环境规制对技术创新的影响

隐性环境规制指的是内在于个体的、无形的环保思想、环保观念、环保意识、环保态度和环保认知等，主要借助反思、学习教育及奖惩机制形成（赵玉民等，2009）。

基于公众环境参与视角，Kesidou 和 Demirel（2012）选取 2006 年 1 566 家英国公司作为数据样本，应用赫克曼选择模型后得到的研究结果表明，需求因素会影响公司进行生态创新的决策。

秦炳涛等（2022）基于公众弥补"政府失灵"和"市场失灵"的独特优势，系统探讨了公众参与对绿色技术创新的影响及传导机制。结果表明：公众参与能够显著地提升绿色工艺创新，而对绿色产品创新的作用并不明显。经济较发达地区的公众参与对绿色工艺创新的作用更为明显，本地公众参与不仅会提升本地绿色工艺创新，这种正向效应还会辐射到经济差距较小的周边地区。

　　基于媒体环境监督视角，谷茹（2018）以2012—2016年我国沪深A股主板上市公司为研究对象，采用Python的爬虫技术爬取百度新闻搜索引擎的新闻报道数来挖掘媒体关注度，进而对媒体关注与企业技术创新的内在关系进行实证检验。结果显示：媒体的监督治理作用可以促进企业技术创新，具体表现为：网络性媒体关注和政策性媒体关注能够增加企业技术创新投入，并提高技术创新绩效，而市场性媒体关注度与企业技术创新没有显著性相关关系。

　　Wang等（2022）基于2010—2019年中国A股上市企业数据，通过构建固定效应模型得出结论：媒体关注推动企业实质性、战略性绿色创新，且媒体关注对重污染企业和国企绿色创新较为敏感。

　　基于高管绿色认知角度，Sun Yongbo和Sun Hong（2021）基于注意力基础观，通过对162家中国制造业企业调查后发现，高管环保意识对企业生态创新具有正向影响。

　　邹志勇等（2019）基于绿色行为和绿色绩效的相关理论和文献分析，通过对山东轻工业企业的问卷调查和实证分析，结果显示：高管绿色认知对企业绿色技术创新、绿色生产以及末端治理行为有显著正向影响。

　　同样的，席龙胜和赵辉（2022）利用2013—2020年沪深A股制造业上市公司平衡面板数据，实证检验了高管双元环保认知（机会型和责任型）对不同类型绿色创新的影响。研究发现：高管双元环保认知均显著正向影响绿色技术创新和绿色管理创新，进而提升企业可持续发展绩效。

1.3.3 不同类型环境规制对技术创新影响的比较

（1）命令控制型环境规制的技术创新影响效果更强

在不完全竞争市场结构下，经济水平、产业特征和企业属性等都会影响不同环境规制政策工具对企业技术创新的作用效果，自我约束的环境规制工具比较受到推崇（Arduini & Cesaroni, 2001）。

Cleff 和 Rennings（2000）利用调查数据研究了德国不同环境政策对创新的影响。研究表明，法律禁令、能源税费、生态标签等十余种环境政策都对生态创新决策起到了作用，在这些环境政策中，法律禁令被认为是比收费和税收更有效的激励政策。

王小宁和周晓唯（2014）针对西部地区展开了环境规制与技术创新关系的研究，借助西部 11 个省（自治区、直辖市）的数据，将环境规制分为市场激励型、命令控制型以及隐性环境规制三类。研究发现：对于西部地区而言，市场激励型环境规制与命令控制型环境规制均能够促进技术创新，由于命令控制型环境规制工具的执行力度更大，因此，命令控制型的环境规制工具所起到的促进作用要大于市场激励型环境规制的作用，但是隐性环境规制对于技术创新则具有一定的阻碍作用，还需要进一步进行隐性环境规制工具的建设与实施。

同样地，王班班和齐绍洲（2016）借助中国工业企业的面板数据研究了命令型以及市场型环境规制工具对节能减排技术的影响。研究发现，当政府能够有效地制定、实施行政命令时，命令控制型的环境规制所发挥的作用会更显著。

张东敏等（2021）使用双向固定效应模型，实证检验异质性环境政策对企业技术创新能力的影响。研究结果表明，在我国，相比市场激励型环境政策，命令控制型环境政策更容易激发企业进行创新。

杨仁发和郑媛媛（2020）实证检验了环境规制对制造业高质量发展的影响效果。研究发现，行政命令型规制工具由于政府为实施主体，强权威性的门槛设置促进了制造业高质量发展提升；市场激励型环境规制需要健全的市场体系来配合，由于中国市场化程度较低，因此，排污收费制度和排污权交易机制单独运作时无法推动制造业的高质量发展；公众参与型环境规制主要依靠群众信访或上访机制，其实施形式单一、实施主体科学性与专业性的局限对制造业高质量发展无显著影响。

Liu 等（2023）将环境规制划分为市场激励型、命令控制型和自愿参与型，采用 two-step system GMM 方法分析了 2006—2017 年中国 30 个省（自治区、直辖市）规模较大的工业企业的面板数据。实证结果表明，命令控制型环境规制对绿色技术创新具有倒 U 形效应，市场激励型和自愿参与型环境法规对绿色技术创新具有 U 形效应。对比 3 种环境规制政策发现，命令控制型环境规制的效果更为显著。

（2）市场激励型环境规制的技术创新影响效果更强

大多数研究认为，在竞争市场条件下，以行政命令手段为主的环境规制对企业技术创新的激励效果不及市场环境规制工具（Arduini & Cesaroni，2001）。原因可能是：

第一，市场型环境规制工具以经济激励为特征。

游达明和蒋瑞琛（2018）选取 2005—2015 年我国 31 个省（自治区、直辖市）的有关数据，通过构建面板数据模型，研究环境规制工具对技术创新的影响并进行实证分析。研究结果表明：命令控制型环境规制在我国发展时间最久，并得到了良好实施，其创新驱动的效应有限，对技术创新的作用并不明显；环境污染治理投资作为政府扶持下的一种经济型环境规制工具，对企业有很大的激励作用，企业在这种政策环境下愿意自发地进行技术创新，以减少环境污染治理带来的成本内耗；公众参与型工具会挤占企业的研发资金，因此会表现出公众参与对技术创新的挤出效应。

张小筠等（2020）采用系统 GMM 动态面板模型评估行政命令型环境规制和市场激励型环境规制对制造业绿色发展的异质性影响。结果表明：行政命令型环境规制以政府强制性为特征，在多数情况下企业是被迫牺牲自身利润来满足环境要求的，因此难以实现环境效益和经济效益双赢。市场激励型环境规制以经济激励为特征，其目的是通过经济上的奖励或处罚激励企业主动变革，企业是基于利润最大化原则通过成本-收益分析后作出的最优生产决策，因此更有利于促进经济效应和环境效益的同步提升。

第二，市场型环境规制工具有更好的灵活性。

Weitzman（1974）认为，企业的潜在创新使得污染边际损害成本存在不确定性，而价格规制工具更加灵活能够对这种不确定性作出反应，当预期边际收益曲线较为平坦时，排污税比单纯采用行政命令手段更有利于激发技术创新行为。

申晨等（2017）利用 1997—2013 年中国 30 个省（自治区、直辖市）的资源消耗、环境污染和经济发展数据，探究中国不同环境规制工具的节能减排效应。结果表明：市场激励型工具能充分发挥企业的主观能动性，切实结合自身状况进行成本-收益分析，基于利润最大化原则下决策最优投入-产出量和污染排放量，促使自身效率向最优值靠近，比命令控制型规制工具更具减排灵活性和激励长效性。

第三，市场型环境规制工具具有长效性。

Jaffe 等（2002）研究发现，随着时间的推移，市场型环境规制工具在环保技术的发明、创新和推广方面，可能比命令控制型工具产生更大的积极影响。

张国兴等（2021）将环境规制划分为命令控制型、市场激励型与公众参与型，基于政策文本量化得到3种类型环境规制的规制强度指标，应用面板数据回归方法实证分析了它们对规模以上工业企业技术创新的作用。研究结果表明，命令控制型环境规制有积极的即期效应和抑制技术创新的滞后作用；市场激励型环境规制有长期性质，作用方式以激励为主，同时结合人事、行政方面的规制配合，能对技术创新产生长期的激励作用；公众参与型环境规制以公众行为为主导，只在短期内对企业技术创新有小幅激励作用，其作用与其他两类环境规制影响相比较不明显。

（3）其他比较结果

Kemp（1998）和Walz等（2011）研究发现，所有环境规制工具都需要在特定条件下发挥对技术创新或扩散的约束作用，且存在某一条件使得每种手段发挥的作用相差无几。

Fisher等（2003）认为不同环境规制政策工具对内生技术创新的作用效果与企业排污量和技术创新能力等有关。

张平等（2016）利用我国各省份的面板数据，将环境规制划分为投资型以及费用型环境规制，探究不同类型环境规制与企业技术创新之间的关系。结果表明，费用型环境规制对于企业的技术创新具有挤出效应，即排污费等的征收会加剧企业的生产成本，无法促进企业技术创新的提升，但是投资型的环境规制对企业技术创新具有一定的激励作用，通过降低企业技术创新的风险，增强企业进行技术革新的勇气与信心，从而实现企业技术创新水平的提升。

邱玉霞和郭景先（2017）利用30个省（自治区、直辖市）的数据探究了费用型环境规制以及投资型环境规制对企业技术创新的影响。研究表明，对于东部地区企业技术创新而言，费用型环境规制具有显著抑制作用，投资型环境规制则起到了促进作用，但两种环境规制均未对西部企业技术创新起到显著影响。

康志勇等（2020）将环境规制工具划分为行政命令型、市场激励型和公众自主参与型，利用2005—2013年中国工业企业数据和中国企业专利数据，就环境规制、企业创新和出口行为三者之间的关系进行了经验分析，发现这3种环境规制与企业创新之间均存在非线性关系。

梁敏等（2021）以186家企业调查问卷为样本数据，从微观视角探讨不同类型环境规制、环境责任与不同类型绿色技术创新之间的互动机制。实证检验结果表明：命令控制型环境规制正向促进末端治理技术创新和绿色工艺创新，而对绿色产品创新没有显著影响；市场激励型环境规制对末端治理技术创新、绿色工艺创新以及绿色产品创新都具有正向促进作用。

1.3.4 环境规制对海洋技术创新的影响

虽然有大量研究环境规制与技术创新的文献，但针对环境规制与海洋技术创新关系的研究较少。

钱薇雯和陈璇（2019）借助沿海11个省（自治区、直辖市）2006—2015年的面板数据，从命令控制型以及经济激励型两个方面探究了海洋环境规制对海洋技术创新的影响。研究结果显示：命令控制型环境规制与经济激励型环境规制均能够促进海洋技术创新，但前者在环渤海地区作用更为显著，后者则在长三角地区发挥主要作用，表明不同类型环境规制对海洋技术创新的作用存在一定的区域异质性。

赵玉杰（2019）同样采用了沿海省（自治区、直辖市）的面板数据，探究了预防型环境规制以及控制型环境规制两种类型的环境规制对海洋科技创新的影响。结果显示：在时间维度上，预防型环境规制与海洋科技创新之间的关系并非简单的线性关系，而是呈现了先抑制后促进的 U 形关系；控制型环境规制短期内对海洋科技创新具有明显的挤出效应，尤其对技术含量较高的海洋科技创新具有更强的抑制作用。

杜军等（2020）构建了海洋环境规制以及科技创新综合指数，并运用 DEA-Malmquist 指数测量得出沿海各省（自治区、直辖市）的海洋经济绿色全要素生产率，通过 PVAR 模型对三者的动态关系展开研究。结果表明：在我国沿海地区宏微观层面存在"强波特假说"，但具有一定的时滞性，同时为促进海洋经济的绿色高质量发展，需要借助政府的引导，促使海洋环境规制强度与海洋技术创新更为协调，从而推动海洋技术的创新。

陈裕（2020）选取沿海 11 个省（自治区、直辖市）2006—2016 年的面板数据，通过构建面板回归模型、静态门槛面板模型，分别就 3 种不同类型的环境规制对海洋产业技术创新效率与知识创新效率的影响进行了实证研究。研究结论表明：命令控制型环境规制会抑制海洋产业技术创新效率，且均随规制强度的程度增强，抑制作用逐渐减小；市场激励型环境规制对海洋产业技术增强效果更明显；隐形环境规制与海洋产业技术创新效率呈先抑制后促进的正 U 形关系，但拐点不同。

吴涛（2022）基于 2006—2015 年 11 个沿海地区的数据，运用随机前沿方法（SFA）测算海洋经济绿色技术效率，并探究其影响因素。结果表明：环境规制一方面确实会对沿海地区的污染具有治理效用，从而直接提升绿色技术效率；另一方面，环境规制会通过海洋科技创新间接促进海洋绿色技术效率的提升，但不能通过产业结构升级推动绿色技术效率的提升。

Ma 等（2022）采用中介效应模型和空间德宾模型，对中国 2004—2016 年 46 个沿海地级市环境规制水平和沿海海洋污染程度数据进行分析，从多个维度和机制分析环境规制对近海污染的影响和作用。结果表明：环境调控对近岸海洋污染具有倒 U 形非线性效应，先加剧后抑制，而推进绿色技术创新是环境监管提高海洋环境质量的重要机制，环境监管对绿色技术创新的影响呈U形。

因此，在海洋环境治理过程中，要构建科学严格的环境监管体系，充分发挥绿色技术创新传导效应。

1.3.5　文献述评

本书通过对企业技术创新的影响因素以及环境规制、政府补助与技术创新的相关文献进行梳理，可以发现现有研究成果颇丰，为本书进一步研究奠定了基础，但也存在一定不足：

第一，关于环境规制和技术创新关系的研究，学术界并未得出统一结论。从现有文献来看，环境规制对技术创新的影响存在"创新补偿效应""遵循成本效应""不确定性""非线性（U形或倒U形）"。造成这一现象的原因除了学术界通常讨论的环境规制异质性、行业异质性以及地区异质性以外，也包括企业异质性这一因素的影响。

第二，关于环境规制与技术创新关系的研究，学者们多集中于制造业、重污染行业等陆域经济系统，较少关注海洋经济系统，探究环境规制对海洋企业技术创新影响的文献较少。为推进海洋经济与环境的协同发展，实现海洋强国的战略目标，有必要针对环境规制与海洋企业技术创新之间的关系展开研究。

第三，环境规制与企业技术创新之间的关系复杂多变，具体表现在两个方面：一是不同类型、不同强度的环境规制对企业技术创新的影响不同；二是某类环境规制对企业技术创新所起到的独立作用与多种类型环境规制彼此配合所起到的作用不同。现有的众多研究也未得出统一的观点。由此可见，各种环境规制并非孤立存在，而是彼此之间相互影响、相互配合，共同作用于企业技术创新。因此，有必要将各类型环境规制纳入同一研究框架中，探讨其对企业技术创新所起到的组态效应。

第四，现有文献受传统研究方法的限制，无法较好地从整体视角出发对不同类型环境规制展开研究。具体来说：

一是部分研究虽然将环境规制看作一个整体变量展开研究，但采用的是单一维度对环境规制进行衡量，未涉及不同类型环境规制研究，得出的结论较为笼统。

二是部分研究虽然对环境规制进行了细分，进一步探究不同类型环境规制对技术创新的影响，但碍于研究方法的局限，依旧将各类型环境规制看作独立变量，忽略了彼此之间的相互作用。

因此，接下来的研究应立足于整体视角，构建研究模型，分析各类环境规制对海洋企业技术创新的组态特征。

1.4 研究内容与研究结构

1.4.1 研究内容

本书基于波特假说、技术创新、环境规制的异质性、市场失灵等理论分析环境规制对海洋战略性新兴企业技术创新的影响机理，并根据2013—2019年我国海洋战略性新兴企业的面板数据，采用固定效应模型，检验环境规制对海洋战略性新兴企业技术创新的影响、政府补助对二者关系的调节作用以及异质性分析。在此基础上，本书进一步将环境规制划分为命令控制型、市场激励型、自愿型以及隐性环境规制型，运用模糊集定性比较分析方法，探究环境规制对海洋战略性新兴企业技术创新影响的组态特征。最终，提出基于环境规制的海洋战略性新兴企业技术创新的策略。本书的主要研究内容如下：

第一，环境规制对海洋战略性新兴企业技术创新影响的理论基础。

明确界定环境规制、政府补助,并根据战略性新兴产业的含义提出海洋战略性新兴产业与海洋战略性新兴企业的内涵以及包含的具体类别;阐述波特假说、技术创新理论、环境规制的异质性、市场失灵理论以及环境规制对技术创新的影响机理等相关理论。

第二,环境规制对海洋战略性新兴企业技术创新影响的实证分析。

在分析环境规制、政府补助对海洋战略性新兴企业技术创新的影响机理的基础上提出研究假设,根据2013—2019年我国海洋战略性新兴企业的面板数据,采用固定效应模型,检验环境规制、政府补助对海洋战略性新兴企业技术创新的影响以及政府补助对二者之间关系的调节作用,并基于企业异质性作了进一步分析。

第三,环境规制对海洋战略性新兴企业技术创新影响的组态特征。

本部分将环境规制划分为命令控制型、市场激励型、自愿型以及隐性环境规制型,并从组态视角出发将各类环境规制以及海洋战略性新兴企业技术创新纳入同一研究框架,构建研究模型,随后以30家海洋工程装备制造业上市企业为研究样本,运用模糊集定性比较分析方法,探究环境规制影响海洋战略性新兴企业技术创新的组态特征。

第四,基于环境规制的海洋战略性新兴企业技术创新的策略。

基于上述分析,从构建环境规制体系、优化政府补助方式、强化海洋企业技术创新等方面提出基于环境规制的海洋战略性新兴企业技术创新的策略。

1.4.2 研究结构

本书的研究结构如图1-1所示。

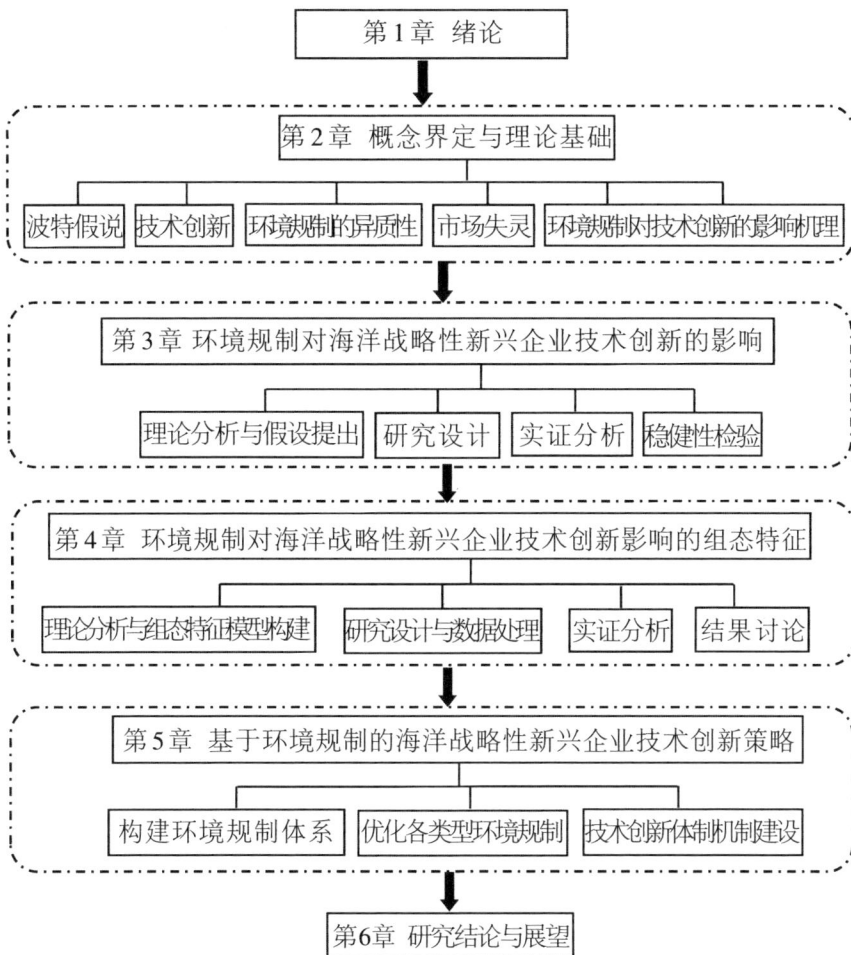

图1-1 研究结构

1.5 研究方法与技术路线

1.5.1 研究方法

（1）文献分析法

该方法是搜集、鉴别、整理文献，并通过对文献的研究，形成对事实的科学认识的方法。本书搜集国内外有关环境规制、技术创新以及海洋战略性新兴产业等主题的相关文献，对其研究现状、核心概念进行整理、总结和归纳，厘清环境规制与企业技术创新之间、单一类型环境规制与企业技术创新之间的关系，分析现有研究的不足与研究趋势，明确本书的研究方向。

（2）回归分析方法

该方法是利用数据统计原理，对大量统计数据进行数学处理，并确定因变量与自变量的相关关系的分析方法。本书基于2013—2019年我国海洋战略性新兴企业的面板数据，采用固定效应模型研究环境规制、政府补助对海洋战略性新兴企业技术创新的影响以及政府补助对二者之间关系的调节效应。

（3）定性比较分析（QCA）方法

这是一种定量与定性相结合的方法，适用于对中小样本案例进行充分的比较分析，最早由查尔斯·拉金提出。该方法以布尔代数运算和集合论思想为核心，分析多个条件变量与结果变量之间的复杂因果关系，能够有效揭示出多个影响因素的相互作用所产生的多条实现路径。本书采用该方法探索不同类型、不同强度环境规制对海洋企业技术创新绩效的组态效应。

1.5.2 技术路线

本书的技术路线如图1-2所示。

研究思路　　　　　研究内容　　　　　研究方法

提出问题　　　研究背景与问题提出　　　文献归纳

国内外研究综述

概念界定与理论基础　　　理论分析

波特假说　技术创新　环境规制的异质性　市场失灵　环境规制对技术创新的影响

分析问题

环境规制对海洋战略性新兴企业技术创新的影响　　　回归分析

理论分析与假设提出　　研究设计　　实证分析　　稳健性检验

环境规制对海洋战略性新兴企业技术创新影响的组态特征　　　模糊集定性比较分析

理论分析与组态特征模型构建　研究设计与数据处理　实证分析　结果讨论

解决问题

基于环境规制的海洋战略性新兴企业技术创新策略　　　理论推演

构建环境规制体系　优化各类型环境规制　技术创新体制机制建设

研究结论与展望

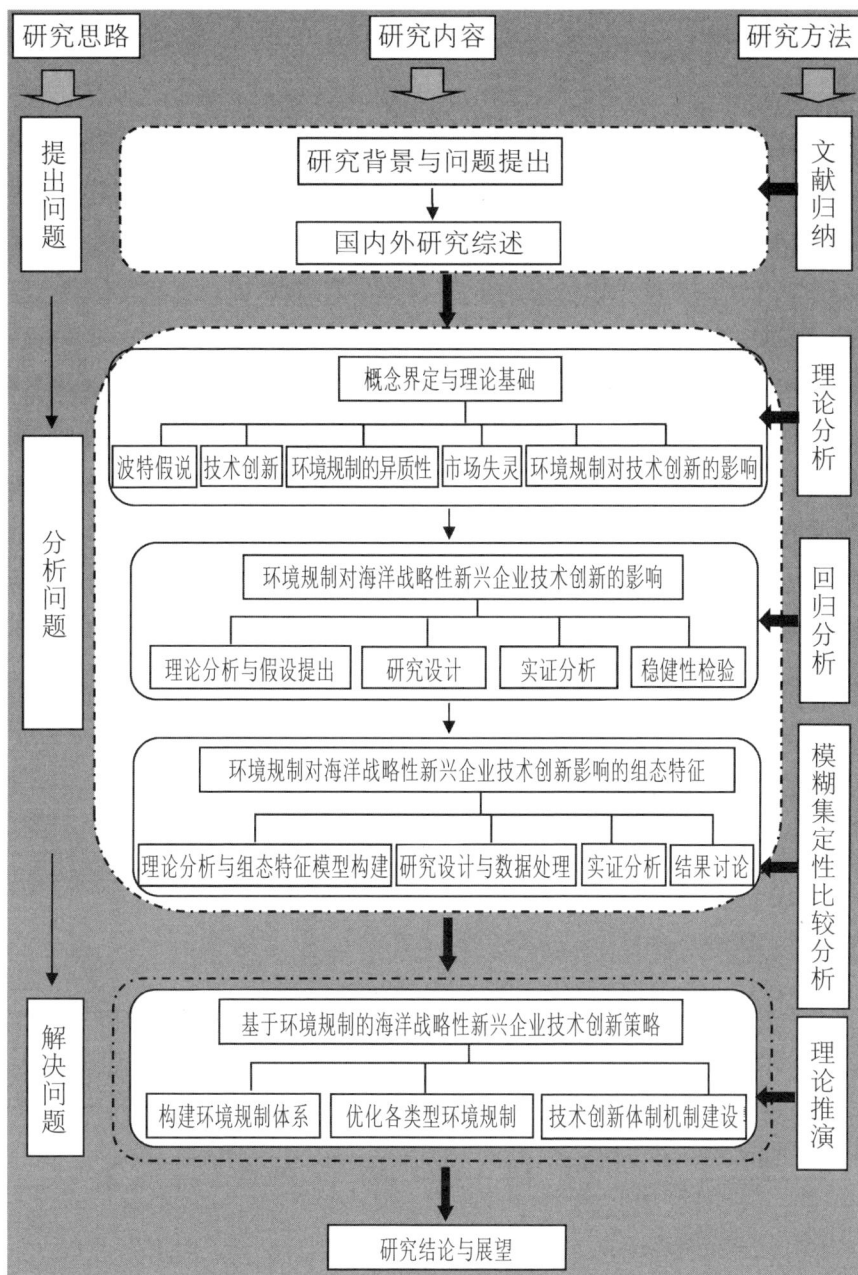

图 1-2　技术路线

1.6 创新点

创新点1：聚焦海洋战略性新兴企业，探究环境规制与其技术创新之间的关系。

现有文献虽然对环境规制与企业技术创新研究已经取得相当丰富的研究成果，但多数研究集中于陆域经济，较少涉及海洋经济方面。本研究将集中于微观海洋经济系统的海洋战略性新兴企业。作为海洋高技术密集型企业的代表，海洋战略性新兴企业是实现海洋经济高质量发展的重要引擎，其发展水平关系着我国海洋产业升级与"海洋强国"战略目标的实现。以海洋战略性新兴企业作为研究样本分析环境规制与企业技术创新，进一步拓展了环境规制的研究范围，并丰富了海洋企业技术创新的研究。

创新点2：建立了环境规制—政府补助—海洋战略性新兴企业的研究框架，揭示了环境规制对海洋战略性新兴企业的影响以及政府补助在二者之间的调节效应。

现有研究大多探讨单一政策因素，或环境规制，或政府补助，对企业技术创新的影响，鲜有文献将二者纳入同一框架中。本书将政府补助这一政策因素引入环境规制对企业技术创新的影响研究中来，构建了双重政策因素与海洋战略性新兴企业技术创新的研究框架，深入探究政府补助在环境规制与海洋战略性新兴企业技术创新关系中的调节作用，丰富和拓展了现有的研究。

创新点3：建立了环境规制组态与海洋战略性新兴企业技术创新的研究模型。

以往研究虽然对比了不同类型环境规制对企业技术创新的异质性影响，但受传统研究方法的限制，往往将各类环境规制看作独立变量进行探究，忽略了不同类型环境规制间的协同效应。因此，本书基于组态视角，将命令控制型、市场激励型、自愿型以及隐性环境规制整合到环境规制对海洋战略性新兴企业技术创新的组态特征研究模型中，探究各类型环境规制与海洋企业技术创新多重并发的因果关系，为环境规制与技术创新领域的研究提供了新的视角。

第 2 章　概念界定与理论基础

2.1　概念界定

2.1.1　环境规制

（1）规制

规制又称政府规制，是规制经济学中最为重要和基础的概念。

1970 年，美国经济学家阿尔弗莱德·E.卡恩（Alfred E. Kahn）的著作《规制经济：原理与制度》出版，标志着规制经济学的诞生。卡恩认为，规制的实质是政府命令对竞争的明显取代，作为基本的制度安排，以维护良好的经济绩效为目标。随后，众多学者基于自身研究对这一概念进行了界定。

植草益（1992）提出，政府规制是社会公共机构通过标准规范对企业活动进行限制的行为。

Viscusi 等（2000）强调了政府规制的强制性，认为政府规制是政府利用其所拥有的强制力对个体或组织所实施的制裁行为。

史普博（1999）认为，规制是行政机构制定并执行的一般规则或者特别行政措施，能够产生直接干预市场或间接影响企业与消费者决策的作用。

我国学者强调政府规制主要是政府通过颁布法律、法规、政策、规章及命令等行为干预或限制市场经济活动，以解决市场失灵的问题（余晖，1997；刘伟等，2017）。

综上，尽管学者们对规制含义的解释有所不同，但是对于规制主体和客体的理解基本上是一致的，认为规制主体是政府；规制对象是参与经济活动的厂商或其他行为主体。上述的表述更多强调的是规制的经济类型，但也有学者强调社会型规制。经济性规制是政府对相关经济主体在定价、市场门槛等方面进行的约束。社会性规制则是政府为了保护生态环境以及社会居民的生命健康而制定的政策标准，以约束经济主体的生产经营活动。

（2）环境规制

目前学术界关于"环境规制"定义的研究比较丰富，在不同发展阶段也存在一定差异。起初，学者们把环境规制理解为政府为了减少污染排放、提高资源利用率，通过禁止转让交易许可证等方式对资源环境进行的直接干预。到了20世纪七八十年代，环境规制不单指政府使用的直接行政干预手段，还包括政府运用环保税费、排污费等规制方式的市场激励型经济手段。21世纪以来，人们的环保意识不断觉醒，越来越多的企业和社会组织通过签订环保协议或承诺的方式相互监督，自发参与到环境管理的行动中，逐渐形成了自愿型环境规制。因此，随着时代的发展，环境规制的概念和内涵也在不断拓展。

赵玉民等（2009）认为环境规制是政府为了保护生态环境，通过制定环境保护政策和措施，对企业或个人的行为实行的一种有形和无形的约束力。

臧传琴（2009）认为环境规制是政府制定相应的环保举措，对微观经济主体的社会经济活动进行干预，以应对环境污染的外部不经济性，达到经济效益和社会效益双赢的目的。

赵敏（2013）认为环境规制是政府部门为约束微观经济主体的排污行为而采取的一系列规制手段，来缓解市场失灵，进而实现环境效益与经济效益的最大化。

WTO将环境规制定义为：各成员通过制定一系列的环境标准、污染排放费用标准等措施，将环境污染的负外部性内部化到企业的生产经营成本中，以达到保护环境的目的。

在环境规制的规制属性上，有学者认为环境规制属于社会性规制（赵玉民等，2009；李真和张红凤，2012），但由于环境规制涉及行业进出壁垒等经济性规制的措施，因而也有学者认为环境规制兼具社会性与经济性两种属性（赵敏，2013；时乐乐和赵军，2018）。

综上所述，现有的理论研究与实践表明，环境规制的主体不仅包括政府，还应包括企业、非政府组织和社会公众；环境规制工具既包括如环保税费、排污费等经济性规制工具，也包括公众参与、媒体监督等社会性规制工具，其目的自然也包含经济性规制的目的（如自然资源的优化配置）和社会性规制的目的（如环境保护）。基于此，本书认为环境规制主要是政府、社会公众、企业或其他经济实体通过规制政策与措施对微观经济主体产生破坏环境的生产经营行为进行的约束或激励。

2.1.2 政府补助

政府补助作为财政支出的重要组成部分，被誉为"扶持之手"，是我国宏观经济调控的必要手段之一，其动机包括创造社会就业、鼓励行业和地区发展，以及融资、扭亏、保壳等。关于政府补助的定义，学者们对此基本保持一致，认为政府补助是指政府通过直接（资金支持）或间接（税收减免或抵扣等）的方式对某些经济主体的行为给予政策上的支持。政府直接的资金补助是指政府针对具有较大社会收益或者可以带来战略性竞争优势的特定研发项目给予的一项事前补助。税收返还是政府通过对已征收的税款进行返还的一种事后激励形式，主要是针对已完成创新活动企业的一种激励。

学者们重点对政府补助的形式与内容进行了论述。

王凤翔和陈柳钦（2006）根据资金支出形态的差异，将政府补助划分为现金补贴、实物补贴以及税收支出等形式。

步丹璐和王晓艳（2014）根据政府补助有无附加条件，将政府补助划分为软约束补助和硬约束补助。软约束补助是政府并未对补助的政策条件、适用范围以及过程监管作出明确的规定；硬约束补助则相反，政府对其适用范围、补助目的以及过程监管都具有明确的规定。

曹建海和邓菁（2014）根据政府补助的连续性将政府补助划分为持续性补助和临时性补助。持续性补助是指企业可以预测这种补助能够长期得到；临时性补助是指企业可以预料到该项补助具有时效性。

王维等（2017）根据政府补助对企业研发活动的影响力度，将政府补助分为研发补助和非研发补助。研发补助是指政府对企业进行新产品、新设备、新技术的研究开发所给予的奖励与支持；非研发补助则是政府对企业日常经营所提供的一系列补贴。

向扬（2023）根据政府补贴对企业进行产品推广、升级等方面的影响，将其分为推广应用型补助和研发创新型补助。推广应用型补助可以帮助消费者以补贴后的价格购买产品，国家财政代替消费者买单，以此来刺激消费者的购买欲望。研发创新型补助是指政府通过投入大量资金，来扶持或鼓励企业研发新技术、开发新产品。

根据我国财政部发布的《企业会计准则第16号——政府补助》，政府补助被界定为：政府向企业无偿提供的货币性资产或非货币性资产，且不包含政府作为公司所有者注入的资本。这一定义强调了政府补助的无偿性质，同时清晰地区分了政府补助与政府作为投资者的资本注入的差别。

政府补助作为政府无偿给予企业的一项资产，具有如下特点：

一是政策性。国家的政治和经济政策会随着形势变化作阶段性调整，而政府补助措施是依据国家一定时期的政策需要制定的，具有很强的政策性。作为一种经济手段，政府补助能起到杠杆作用，通过较少的财政投入来撬动较大规模的经济、社会变动。

二是灵活性。根据形势和政策需要，国家会及时调整政策，把政府补助当作实现短期宏观经济调控的重要财政手段来使用。

三是时效性。政府补助的政策性要求，当国家的某些政治、经济政策发生变化时，与之相应的补助政策也随之终止，表现出很强的时效性。

综上所述，本书借鉴企业会计准则的定义，认为政府补助是政府无偿给予企业的一项资产，既包含货币性资产，又包含非货币资产，且不包含政府作为投资者的部分。这一定义突出了政府补助的本质特征，即政府向企业提供的支持是无偿的，企业无须返还或支付利息。政府补助通常被视为财政支出的一部分，因为它涉及政府将资金或资源转移给企业或特定领域，以实现某种政策目标。企业获得政府补助的项目主要有财政贴息、政策性补贴、研究开发补贴以及无偿划拨非货币性资产等。政府补助在一定程度上减缓了企业的融资压力，并且增强了企业的创新能力，有助于将企业的研发投入提高到最优水平。

2.1.3 海洋战略性新兴企业

《国务院关于加快培育和发展战略性新兴产业的决定》首次提到了战略性新兴产业这一概念，并将其定义为：战略性新兴产业是以重大技术突破和发展需求为前提，具有高技术密集、高成长性、综合效益好等特点，对国家社会经济的全局和长远发展起引导作用的支柱性产业。海洋战略性新兴产业是促进海洋经济转型、实现海洋经济可持续发展的重要抓手，不仅在战略文件中被广泛提及并加以界定，还被不少海洋经济领域的专家和学者所探讨，然而到目前为止对其内涵界定尚未形成统一的认识。

2010年，国家海洋信息中心在开展"海洋战略性新兴产业发展研究"时提出，海洋战略性新兴产业是以海洋高新技术为基础，以海洋高新科技成果产业化为核心内容，发展潜力巨大，需求市场广阔，具有较大产业带动作用的海洋产业门类。

姜秉国和韩立民（2011）在研究中采用了该论述，刘堃等（2011）在此基础上认为海洋战略性新兴产业是战略性新兴产业的重要组成部分，是以海洋高科技发展为基础、以海洋高新技术成果产业化为核心内容，具有重大发展潜力和广阔市场需求，对海洋经济发展起着战略导向作用的开发、利用、保护海洋的生产和服务活动。

2015年，中国工程院将海洋战略性新兴产业界定为以海洋高新技术为基础、以海洋高新科技成果产业化为核心，具有重大发展潜力和广阔市场需求，对相关海陆产业具有较大带动作用，可以有力增强国家海洋全面开发能力的海洋产业门类。

王昌林和盛朝迅（2021）在对海洋战略性新兴产业发展现状、问题及对策进行探讨时，将海洋战略性新兴产业定义为由于海洋领域新技术的诞生和应用或重大战略需求牵引而产生的开发、利用和保护海洋所进行的生产和服务活动的总和。

刘堃和韩立民（2012）提出海洋战略性新兴产业是以海洋高新技术为支撑、以海洋高科技成果产业化为核心、具有高技术引领性和创新驱动性的新兴产业群体。

基于不同的含义，当前对于海洋战略性新兴产业所包含产业的类型也并未统一。

刘堃和韩立民（2011）认为其包含了海洋生物育种和健康养殖业、海洋生物医药业、海水综合利用产业、海洋可再生能源产业、海洋高端装备制造产业等海洋新兴产业。

姜秉国和韩立民（2011）认为其包括了海洋高端装备制造产业、海水综合利用产业、海洋生物产业、海洋新能源产业、海洋环境产业和深海矿产产业六大门类。

向晓梅（2011）认为其包括了海洋装备制造业、海洋生物医药业、海水综合利用业、海洋可再生能源业、深海矿产资源勘探开发业和海洋现代服务业。

王昌林和盛朝迅（2021）认为其主要包括海洋装备制造、海洋新材料、海洋新能源、海洋药物与生物制品、海水淡化与综合利用等产业。

苑清敏和冯冬（2014）认为其包括海水综合利用、海洋可再生能源、海洋生物医药和制品以及海洋工程建筑等知识技术密集和物质消耗少的产业。

刘堃和韩立民（2012）认为其包括海洋生物医药业、海洋可再生能源产业、海水综合利用业、海洋高端装备制造业、海洋现代服务业和深海矿业六大产业。

曹艳等（2022）认为其包括海水利用业、海洋生物工程产业、海洋可再生能源业、海洋新材料产业、海洋装备制造业、深海战略资源开发产业和海洋现代服务业等。

海洋战略性新兴产业是传统海洋产业的优化升级，具有不同于其他海洋产业的显著特征。

姜秉国和韩立民（2011）提出海洋战略性新兴产业具有全局性、长期性、关联性、政治性、高新科技性、发展潜力性、成长不确定性等特征，在海洋战略性新兴产业发展时要关注其"外部性"特征，充分发挥政府调控机制的引导作用。

白福臣和王广旭（2011）在对重点海洋高新技术产业进行选取时，提出海洋战略性新兴产业应在技术要求、基础产业保障、潜在市场需求规模、可预见的集群化程度上具有不同于其他产业的显著特征。

仲雯雯等（2011）提出海洋战略性新兴技术产业具有知识技术密集、附加值高、利润空间大的特征。

张静和姜秉国（2015）在对我国海洋战略性新兴产业发展的政策体系进行研究时，提出海洋战略性新兴产业具有高投入、高成长、动态变化等共性特征，在发展过程中还具有特殊的产业属性和发展路径。

刘海朋和陈东景（2017）在回顾国内外海洋战略性新兴产业研究文献的基础上，提出海洋战略性新兴产业具有全局性、长远性和导向性的特征。

毛伟和居占杰（2018）认为相对于捕捞、养殖等传统海洋产业而言，战略性新兴海洋产业具备低消耗、高效益和高科技等特征。

王昌林和盛朝迅（2021）提出海洋战略性新兴产业具有新兴性、高成长性和带动性、技术密集、高附加值及动态性特征，并对其进行了充分阐述。

曹艳等（2022）提出海洋战略性新兴产业具有科技含量高、技术水平高和环境友好的特点，兼具战略性、政府导向性和新兴性等海洋产业和战略性新兴产业的共同特征，以及不确定性、高风险性和动态变化性等特征。

综上所述，现有研究基本都是关于海洋战略性新兴产业，对其微观经济主体——海洋战略性新兴企业的研究较少。基于此，本书认为海洋战略性新兴产业是依托海洋高新技术发展，立足科技成果产业化，发展前景较好，具有较高的产学研合作创新需求、广阔的市场需求和积极带动作用的海洋产业门类，具体应包括海洋信息技术产业、海洋高端装备制造产业、海洋新材料产业、海洋生物医药产业、海洋新能源产业、海洋节能环保产业等产业门类。海洋战略性新兴企业是以海洋高新科技创新为核心，具有知识技术密集度高、市场潜力大以及产业关联度强等特点，对我国海洋经济发展起重要支撑和引领作用的微观经济主体。

2.2 理论基础

2.2.1 波特假说

新古典经济学的遵循成本说认为环境的保护与经济的发展无法同时实现，虽然环境规制会在一定程度上改善环境，但其增加了企业的污染治理成本，从而导致挤出效应，使企业减少对技术创新的研发投入，阻碍企业的技术进步；但波特假说的提出打破了这一传统的思想认知。

Porter（1991）基于动态视角，认为设计合理的环境规制政策会产生创新补偿效应，激励企业进行技术创新，提升企业的市场竞争力，实现经济效益与环境效益的双赢。

随后，Porter 和 Van der Linde（1995）又基于多个国家和行

业的案例进行研究，论证了只有设计合理的环境规制标准才能激发创新，创新所产生的经济效益在一定程度上可以部分抵消或完全抵消环境规制成本，产生创新补偿效应。这种创新补偿效应不仅可以降低环境规制成本，还可以带来相对于不受环境规制政策约束的国外企业的绝对优势。与国外竞争对手相比，如果环境规制政策实施得越早、越严格，企业从环境规制政策中受益就越大，竞争优势也就越明显。除此之外，波特假说认为设计合理的环境规制政策还具有以下优势：

第一，向企业释放存在资源利用率低下以及技术进步空间的信号，指明技术进步的方向和领域，提升企业的创新意识。

第二，有些规制政策通过公布企业的污染排放清单，一方面，可以提高企业的知名度；另一方面，可以倒逼企业进行技术创新，提高资源利用率，降低污染排放量，改善环境状况。

第三，有利于降低企业环境领域投资的不确定性，激励企业加大研发投入力度。

第四，监管所产生的压力能够激励技术创新与进步，培育企业的创新能力和思维，在一定程度上缓解委托-代理问题。

第五，环境规制政策在一定程度上调节了过度竞争的市场环境，为新技术的验证和学习以及进一步降低成本提供了缓冲时间。

第六，严格的监管使企业更加关注自身的污染排放，更加重视产品和流程的配置。

虽然随着环境规制强度的增强，规制成本也会增加，但创新补偿效应的潜力会更快地提升。因此，规制的净成本会降低，甚至会变成净收益。

随着波特假说的进一步发展，Jaffe和Palmer（1997）将波特假说细分为："狭义"的波特假说、"弱"波特假说以及"强"波特假说。"狭义"的波特假说认为只有某些环境规制政策才能促进技术创新；"弱"波特假说重点在于探讨环境规制与企业技术创新之间的关系，即环境规制是否能够产生创新补偿效应；"强"波特假说则重点关注环境规制的创新补偿效应是否足够强大，以此来抵消遵循成本效应，从而提升企业绩效或者竞争力。随着研究的不断进行，波特假说也有了新的发展。

郑洁等（2020）基于新结构经济学的视角，重新思考探究了环境规制与创新之间的关系，并提出了与传统波特假说不一样的新的理论见解——新结构波特假说。该观点认为最优的环境规制强度和环境规制结构是随着经济发展不断变动的，并非一成不变。同时，在不同的经济发展阶段，环境规制对技术创新结构的影响也不相同，环境规制主要依靠结构变迁机制影响技术创新的高质量发展。

2.2.2 技术创新理论

"技术创新"一直被经济学家定义为一种经济现象，直到熊彼特（Joseph A. Schumpeter）首次提出技术创新理论。他认为创新就是将企业生产经营中所需的生产要素或生产条件中的一种，通过全新的方式投入企业的生产体系中进行全新的组合。他把"创新"看作一种新的生产函数，将技术创新视为生产要素"新组合"应用于生产环节，并采用新技术、新工艺从而产出新产品的过程。他将"技术创新"的概念从"创新所包含的新技术、新产品的应用"扩展到包括了企业组织创新、经营创新的完整过程。技术创新理论将创新的范畴划分为五个方面：新产品的问世、全新的生产方法、开辟新市场、获取新原料供应商、开创新组织形式。总之，创新不单是新技术或新工艺的发明和创造，而且是对原有组织结构或体系的一种深层次变革。

随后学者们在技术创新理论的基础上进行研究，并逐渐形成了新古典经济学派、新熊彼特学派、制度创新学派以及国家创新学派。

以罗伯特·默顿·索洛（Robert Merton Solow）为代表的新古典经济学派将政府干预和技术进步纳入技术创新理论中，提出当市场失灵时，政府可以通过多种手段和方式对企业的技术创新活动进行间接调控和干预，进而促进技术进步对经济的拉动作用。

与新古典学派不同，以埃德温·曼斯菲尔德（Edwin Mansfield）等为代表的新熊彼特学派认为技术创新是一个复杂的过程，应加强对企业技术创新内部运作机制的研究。其主要从技术创新和模仿、竞争、垄断等角度对创新机制进行深层次和系统化的研究，初步建立技术创新的理论架构。

以兰斯·戴维斯（Lance Davids）等为代表的制度创新学派认为，制度创新就是能够给创新主体带来额外收益并对现存制度进行革新的一个动态过程。制度创新的质量和水平决定了技术创新的质量和水平。此外，制度学派认为规模经济性、技术经济性以及预期收益的变化都会影响制度创新。

以克里斯托夫·弗里曼（Christophe Freeman）为代表的国家创新学派认为技术创新不仅是市场主体的一种行为，而且应该由国家创新系统推动。国家创新系统通过对市场各创新资源和要素进行优化配置，使各市场主体能够共享知识资源等要素，并对其进行吸收、创新和扩散，进而促进国家技术创新水平的提高。

总之，技术创新理论认为：技术创新不仅能够提升企业的创新能力、核心竞争力以及市场占有率，更能提高国家的核心竞争力，促进绿色经济高效发展。

后来，美国国家科学基金会对技术创新的定义进行了多次修改，在内涵方面不断扩大，最终在《1976年：科学指示器》中将技术创新定义为："技术创新是将新的或改进的产品、过程或服务引入市场。"

1999 年 8 月 20 日，《中共中央、国务院关于加强技术创新、发展高科技、实现产业化的决定》将技术创新界定为"企业应用创新的知识和新技术、新工艺，采用新的生产方式和经营管理方式，提高产品质量、开发新产品、提供新服务、占据市场并实现市场价值的活动"。由此可见，企业进行技术创新的目的是提升竞争力并获得更大市场份额，企业技术创新效率与市场需求规模紧密相联，这一点与熊彼特和波特的观点相符合。

不同领域的学者也对技术创新展开了专业性的研究，对其给出了不同的定义。

索洛对技术创新理论进行了比较深入的研究。他提出，技术创新成立必须具备两个条件：新思想来源和以后阶段的实现发展，并且指出技术创新是经济增长的内生变量和基本因素。

布莱恩·阿瑟（Brian Arthur）将技术创新看作组合式创新，因为所有新技术来源于已有技术的组合，技术具有自我创生的能力，它能从自身生产出新的技术，技术进化的机制就是组合进化。

傅家骥认为，通常人们理解的技术创新主要是指狭义的技术创新，即始于研究开发而终于市场实现；广义的技术创新应该是始于发明创造而终于技术扩散。许庆瑞认为技术创新不是一种单纯的技术上的发明和成功，还包括个人和组织的因素，即技术创新的成功受环境、参与创新的人、地点等因素的影响。

田鹏颖定义了更加广义的技术创新。他提出技术包括社会技术和自然技术，制度创新实际可以看作社会技术创新。广义的技术创新既包括制度创新、管理创新等社会技术的创新，也包括以科学为基础的自然技术的创新。

孙晓华结合了熊彼特、Utterback、Mueser、经济合作与发展组织（OECD）、美国国家科学基金会等研究者和机构对技术创新的定义，认为技术创新是一个从产生新产品或新工艺的设想到市场应用的完整过程，它包括新设想的产生、研究、开发、商业化生产及扩散等一系列活动，本质上是一个科技、经济一体化的过程，是技术进步与应用共同作用催生的产物，包括技术开发和技术应用两大环节。

2.2.3 环境规制异质性

最初，环境规制仅被认为是由政府主导，以行政手段为主，为保护环境所设立的一系列法律、法规及规章制度，实现对企业的资源利用以及污染排放进行强制干预，从而实现保护环境的目的。但作为社会性规制典型代表之一的环境规制，其随着规制内涵由直接规制到激励性规制再到规制治理的变迁经历了一系列的变化，环境规制工具也在不断丰富，环境规制的异质性逐渐受到重视。环境规制异质性即环境规制工具种类多种多样，不同类型的环境规制的运行机制也各不相同。研究环境规制异质性的关键在于环境规制类型的划分。

目前主要存在四种围绕环境规制异质性所进行的类型划分理论：

第一种是将其直接划分为命令控制型、市场激励型以及自愿型环境规制。这也是最常使用的一种划分理论。其中，命令控制型环境规制表示政府部门根据相关法规和标准等，参与污染排放的管理与治理。市场激励型环境规制表示通过市场信号引导企业作出相应的环保决策。自愿型环境规制是指企业可以根据自己的实际情况选择具有一定差别的标准，这为企业的环保绩效提升提供了一定的自主空间。与前两种规制类型相比，自愿型环境规制的核心理念是为企业创造激励，以促进企业自发地提供环境公共物品。该类型环境规制的实施主体是企业，主要包括环境认证、环境审计、生态标签等规制工具。

第二种是将环境规制划分为命令控制型、市场激励型以及公众参与型环境规制。命令控制型环境规制以及市场激励型环境规制的含义与前文所述相同。公众参与型环境规制则是指公众、媒体以及社会团体等通过多种渠道向企业施加压力，使得企业自愿降低污染排放，主要包括投诉案件数、环境信访次数以及新闻舆论报道等。

第三种是将环境规制划分为正式环境规制与非正式环境规制。正式环境规制一般为政府部门为改善环境品质而制定的规范，主要依靠政府权力实现对环境的保护。正式环境规制一般包括了第一种划分方式中的命令控制型以及市场激励型环境规制。非正式环境规制最早由 Pargal 和 Wheeler（1996）提出，其作为正式环境规制的补充，能够更好地代表社会公众的环保利益，对于污染治理也具有一定的作用。

第四种是将环境规制划分为两大类：显性环境规制以及隐性环境规制。该种划分方式主要由赵玉民等提出。其中，显性环境规制将环境保护作为目标、个人和组织为规定对象，各种有形的法律、规定、协议等为存在形式的一种约束性力量。显性环境规制可被进一步划分为控制型环境规制、市场激励型环境规制以及自愿型环境规制。隐性环境规制则是指一种无形的环保意识，主要来自社会公众等。虽然无形性是其主要特征，但其作用无处不在，值得被重视。

可以看出，相较于前三种划分理论，第四种划分理论更为全面细致，包含了以企业为主导的自愿型环境规制以及以社会公众、团体等为主导的隐性环境规制，并对两者进行了区分，更符合我国现有的命令控制工具、市场激励工具、自愿型工具以及公众参与型工具"四位一体"的政策体系。

综上所述，本书借鉴赵玉民等所提出的划分理论，将环境规制划分为显性环境规制以及隐性环境规制两个大类，前者又包括命令控制型环境规制、市场激励型环境规制以及自愿型环境规制。

（1）命令控制型环境规制

该规制类型能够对企业的行为进行直接干预，较快产生环境治理效果。"三同时"制度、污染物总量控制、环境影响评价制度等是我国有代表性的命令控制型环境规制工具。"三同时"制度是我国较早的也是我国特有的环境规制工具，是对我国环境保护和管理的经验总结。"三同时"是指在对环境有影响的所有建设项目中的防治污染设施，必须依法与主体工程同时设计、同时施工、同时投产使用的制度，其目的在于控制新的污染。"三同时"制度是一种事前控制手段，旨在从源头上消除环境污染产生的根源，避免事后治污可能付出的代价。污染物总量控制制度是由国家环境管理部门在确定一定区域环境容量的基础上，决定该区域能够接受的污染物排放总量，并将污染物排放总量额度自上而下逐级分配，最终确定区域内各排污企业污染物排放额度的环境管理制度。环境影响评价制度是分析、预测与评估待建设项目实施后可能造成的环境影响，对可能出现的负面环境影响提出相应对策、措施和方案。该制度和"三同时"制度都是对新建项目的控制，都是对环境污染的事前控制。排污许可证制度是规定排污许可证申请、颁发、使用、监督等一系列过程的法律、规章的总和。排污许可证即排污单位依法排污、环保管理部门执法以及社会监督的凭据。

（2）市场激励型环境规制

该规制类型是通过市场价格反映环境监管信息的环境规制工具。其相比命令控制型环境规制具有成本低、效率高、灵活性强的特点。环境税费、排污费、排污权交易制等是我国有代表性的市场激励型环境规制工具。环境税费是为保护环境、促进资源合理开发与利用而设置的各种税和费的总称。其目的是通过经济手段有效地激励经济活动主体保护环境、减少污染排放，合理开发利用自然资源，从而改善生态环境。

我国环境税费制度的建立首先是从排污收费制度开始的。2018年，根据"制度平移"原则，排污收费改为环保税。排污权交易是在确定污染物排放总量的前提下，建立合法的排污权，允许排污权在市场上买卖，利用市场机制控制污染物的排放。排污权交易和环境税两种，前者将排污权作为一种商品，实现排污权在企业之间的流动；后者将污染物作为商品，对污染物排放量进行征税。实际上，排放权交易可能仅实现了污染物排放量的内部转移，并未减少排放量，而环境税费制度实现了对污染物排放量的整体控制，很大程度上能够减少污染物排放，实现企业绿色发展。

（3）自愿型环境规制

该类型环境规制能够通过企业自主自发提供环境公共物品实现环境保护的目的。环境信息披露制度、环境认证、环境审计是常见的自愿型环境规制工具。

环境信息披露是指企业根据有关部门及监管机构的规定，披露企业环境保护方面的信息，满足公众、投资者、债权人等与企业存在利害关系主体的信息使用需求。环境信息披露制度则是对环境信息公开的内容、方式和程序进行规定的一系列规章组成的制度体系。

环境认证简称 ISO 14000，要求企业必须遵循这些标准来建立和实施高效的环境管理体系，并进行相关的持续改进。该认证标准主要包括了环境管理体系规划、环境影响评价、环境保护目标和管理计划、环境管理体系实施和运行、监测和测量、持续改进等方面的内容。

环境审计是审计机关、内部审计机构等对政府和事业单位的环境管理系统以及经济活动进行监督、评价或鉴证，使之符合可持续发展要求的审计活动。

（4）隐性环境规制

公众参与与监督是隐性环境规制的表现。《中国21世纪议程》明确提出公众应当具有环境知情权和参与权，公众有权参与环境与发展的决策过程，参与对决策执行的监督。公众参与的实现形式包括听证制度、宣传教育、环境信访、自愿性环境协议、环境标志和绿色消费等。

各类型环境规制的具体含义以及所包含的规制工具如表2-1所示。

表2-1　　　　　　　　　环境规制类型划分

环境规制类型		含　义	规制工具
显性环境规制	命令控制型	政府部门为保护和改善生态环境所制定的法律、法规、政策等，对企业的行为能够进行直接干预，刚性较强，执行成本较高	"三同时"制度等、污染物总量控制、环境影响评价制度
	市场激励型	政府以市场为基础所采取的能够引导、激励企业进行保护环境的政策制度	环境税、排污费、排污权交易制度等
	自愿型	以企业为主体实施的非强制性环保措施，建立在企业主动承担环保责任、自愿采取环保措施的基础上	企业环境标志制度、ISO 14000认证
隐性环境规制		社会公众、团体等为了自身利益而采取的环保行动	公众参与、舆论监督等

2.2.4　市场失灵理论

新古典经济学认为只有在完全竞争的市场结构条件下，才能实现资源的优化配置，达到帕累托最优。但该假设前提仅存在于理论中，在现实中无法实现。由于资源和环境具有公共产品性和外部性等特点，单纯依靠市场机制无法实现资源的有效配置，进而导致了"市场失灵"情况的产生。其中，外部性又被称为"外部不经济"，该概念是由马歇尔（1890）在《经济学原理》中提出的。他认为根据企业内部生产和外部社会生产的差异，可以将企业经济分为内部经济和外部经济。

庇古（A. C. Pigou，1920）从福利经济学角度引入"社会边际生产"和"私人边际生产"两个概念，深化了对外部性的认识，即当社会边际净生产和私人边际净生产之间存在差异时就会产生"外部性"，只有当个体和社会边际收益相等时，社会资源配置才是最优的，但外部经济会导致社会资源配置低效，而单靠市场无法对资源进行重新配置。

因此，以凯恩斯为代表的市场失灵理论主张政府对市场经济运行进行积极干预，以实现有效的资源配置，这突出强调了市场经济条件下政府干预的重要意义。根据市场失灵理论的范畴，又可将其划分为狭义的市场失灵理论和广义的市场失灵理论。狭义的市场失灵理论认为由于公共产品、信息不对称、外部性等问题的存在，单纯依靠市场手段无法实现资源的有效配置。除此之外，广义的市场失灵理论还包含了市场机制无法解决的社会公平问题。

市场失灵时，经济机制无法正常运行，价格机制的调节能力降低，资源配置无效，社会不公平程度加剧，这意味着市场机制在产品和劳动分工过程中不再有效。在现有的研究中，市场失灵的原因可以归结为以下几点：

（1）完全竞争假设不成立

由于垄断现象的存在会影响市场机制的运行效率，故完全竞争假设不成立。

（2）公共产品的存在

与私人产品相比，公共产品具有非竞争性和非排他性，而环境具有公共产品属性，任何经济主体都可以向环境中排放污染物，环境污染的公共产品属性会严重损害公众利益。

（3）经济外部性

经济外部性又可以划分为经济正外部性和经济负外部性。经济正外部性是指一方的经济决策会导致其他经济主体受益，并无须为此承担相应的成本。经济的负外部性是指一方的经济决策会损害其他经济主体的利益，并无须为此进行补偿。污染排放具有典型的负外部性，经济主体为获取高额利润，向环境排放各种污染物，而其自身所承担的成本远远小于社会总成本。庇古税理论就是因环境污染的负外部性而诞生的。该理论认为个体的环境污染行为会损害社会环境利益，但该个体不用为此付出代价。长久来看，这些个体为获得超额利益会肆意污染环境，因此，需要政府通过实施环境规制政策的方式对市场经济进行干预，比如征收排污费、环保费等，才能达到环境保护的效果。而技术创新具有典型的正外部性，一项技术创新成果，一旦问世就面临着被模仿的可能，容易出现"搭便车"的行为。市场失灵理论是企业在技术创新过程中需要政府补助的理论基础，这主要是因为技术创新的双重外部性，企业的创新成果面临着被模仿的可能，并不能完全享受创新成果带来的收益。此外，技术创新也具有较强的风险性和不确定性，由于创新风险较高，企业为规避风险会减少研发方面的支出；同时，受不确定性因素的影响，可能存在创新失败的情况，企业技术创新的积极性会较低。此时，政府对企业进行补助会弱化技术创新中的风险，激励企业创新的动力。

（4）信息不对称性

新古典经济学认为市场是处于完全竞争的，且各经济主体完全掌握市场的各种信息。而事实并非如此，由于信息的不对称性，各经济主体无法准确判断并作出有效决策，导致资源配置效率低下。此时，政府补助具有信号传递效应，在一定程度上会降低资本市场的信息不对称性，缓解企业的融资约束。

2.2.5 环境规制对技术创新的影响机理

环境资源的公共物品特征使得企业在利用资源进行生产活动时会产生一定的外部性：一方面，在缺乏制度规范的情况下，企业利用环境资源为自身谋取利益时以及对环境造成污染时并不需要付出相应的成本或承担相应的责任；另一方面，企业在进行环境治理时并未获得由此产生的全部收益，但承担了全部的治理成本。外部性将导致企业没有足够的动机为保护环境而采取相应的措施。因此，将环境污染的外部性问题内部化为企业生产经营过程中所必须考虑的问题是促进企业参与环境治理的关键，而这一内部化过程主要依赖由政府制定或主导的各类环境规制工具来实现。环境规制对企业技术创新的作用机理主要表现在：

（1）挤出效应

当企业所面临的环境规制强度处于较高水平时，为了使企业的污染物排放达到规定标准，企业会不断增加在环境污染治理方面的投入。一方面，企业可以通过采用更为先进的生产设备以及污染物处理设备，减少企业的污染物排放量；另一方面，企业可以采用更为先进的生产技术，从而在根源上减少污染物的产生。但无论采取哪种措施，都会对企业其他方面的技术创新投入以及生产经营投入产生挤出效应；政府通过实施环境规制使环境资源具有了一定的经济物品属性，企业需要为其在生产经营活动中所耗费的环境资源支付一定的费用，这使得企业的生产成本增加，从而对企业利润产生了一定的挤占。

（2）补偿效应

随着环境规制体系的不断完善，环境规制工具也开始逐渐丰富，政府在采用命令控制型环境规制对企业施加环保压力时，也会借助环保补贴、税收补贴、减免排污费等市场激励型环境规制工具给予企业一定的补偿。波特假说认为适当的环境规制能够对企业产生创新补偿效应。虽然短期内由于受到环境规制的限制，企业的经营绩效会有所下降，但从长期来看，企业为适应环境规制所采取的更为先进的生产工艺以及为减少污染排放所进行的技术创新都会增加企业的生产效率，提高资源利用率，降低企业的生产成本，从而进一步抵消由环境规制所导致的企业经营绩效的下降；当生产效率提高幅度足够大时，甚至会为企业带来更高的利润，提高企业的竞争力。率先积极主动适应环境规制并采取更严格的环保标准要求自己的企业，会在未来的生产经营中获取先动优势。这是因为随着环境问题的日益加重以及社会公众环保意识的不断增强，环境规制的强度呈现出逐渐增加的态势，企业越早地采取措施适应更严格的环境规制，积极进行技术创新，就越能占据优势地位，取得长足发展。

2.3 本章小结

本章对研究所涉及的概念和理论基础进行了界定与阐述。首先，结合本书研究主题，在现有文献对环境规制、政府补助以及海洋战略性新兴企业三个概念界定的基础上，提出本书对于三个概念的理解。随后，通过对波特假说、技术创新理论、环境规制异质性理论以及市场失灵理论等与本书密切相关的理论进行解析，由此提出环境规制对技术创新的影响机理。概念的界定与理论的剖析为后续研究奠定了基础。

第3章 环境规制对海洋战略性新兴企业技术创新的影响

3.1 理论分析与假设提出

3.1.1 环境规制对海洋战略性新兴企业技术创新的影响

环境规制是政府部门以改善生态环境质量为目的，通过给企业设定相应的环境标准、规制企业的生产经营行为而制定的一系列法律、法规和环保规划。从以往的研究中可以看出，环境规制对企业技术创新的影响具有不确定性。新古典经济学从静态角度出发，认为环境规制会加大企业在污染治理层面的投入，如购买优质的原料或加大末端治理投入。由于企业自有资本具有有限性，因此，污染治理投入的增加将会改变企业内外部资源的配置，最终会挤占企业在研发创新上的投入以及利润空间。而波特假说从动态角度出发，认为企业在面对严格的环境规制时，末端治理成本将增加，企业为降低规制成本会增加研发投入，其研发活动带来的经济效益会部分或全部抵消规制成本，进而产生创新补偿效应，提高企业的竞争优势。此外，还有学者认为环境规制对企业技术创新的影响具有不确定性，会受到行业异质性、地区异质性以及企业异质性等因素的影响。

根据市场失灵理论以及以往学者的研究可知，环境污染存在负外部性，要求政府通过制定相应的环境规制政策弥补市场失灵问题。环境规制政策的制定将环保理念以及环境污染的负外部性直接纳入企业的生产经营中，这将直接影响其投资决策。环境规制对企业技术创新的影响主要取决于遵循成本效应和创新补偿效应之间的力量对比，除此之外，还应分析企业自身的能力、特征以及技术环境等因素的影响。当环境规制体系尚不完善、规制强度较弱时，企业为解决环境污染问题往往会将环保技术提升成本与污染治理投入成本进行比较，基于"成本-收益"原则，企业更加倾向于选择缴纳环境税费或者进行末端治理，同时通过扩大生产规模等方式来抵消规制成本。此时，遵循成本效应大于创新补偿效应，环境规制对海洋战略性新兴企业技术创新的倒逼机制未能产生或倒逼效应较弱。随着环境规制体系逐步完善，环境规制标准和监管力度将更加严格，规制成本不断上升，海洋战略性新兴企业的盈利水平受到影响，难以维持其正常的生产经营活动，也会直接影响其投资决策以及进入或退出策略。此时，海洋战略性新兴企业为避免缴纳高额的违规成本，基于长期发展的要求，通过自主创新来获取长期竞争优势，提高生产效率，实现节能减排，使得创新补偿效应超越遵循成本效应。海洋战略性新兴产业以海洋高新技术作为产业发展基础，更强调战略性、高成长性和高创新性。而作为该产业构成的海洋战略性新兴企业，本质应属于海洋高技术企业，其发展必然依托创新驱动，才能获得长效的竞争优势。

此外，随着人们绿色消费理念和环保意识的提高，消费者对环保、生态类产品产生了新的偏好，由此产生的新需求必将影响企业战略投资决策的调整，进而推动企业对环保类产品加大研发和投入的力度。若企业被动接受环境规制政策必然会限制其长远发展，所以海洋战略性新兴企业唯有通过不断的技术革新，树立良好的企业形象，才能占领未来市场竞争的制高点。

因此，在我国环境规制趋紧的背景下，海洋战略性新兴企业基于长期收益最大化原则，势必会加大研发投入，形成先动优势，进而打破"环境-经济"怪圈，提高其市场竞争优势。

根据上述分析，本书提出如下假设：

H1：环境规制与海洋战略性新兴企业技术创新之间存在正相关关系。

3.1.2　政府补助对海洋战略性新兴企业技术创新的影响

根据市场失灵理论可知，技术创新具有典型的正外部性，技术创新成果一旦问世，就面临着被竞争者竞相模仿的可能，使得企业的创新投资维持在较低水平，单纯依靠市场力量难以激发企业的技术创新动力，此时就需要政府加以干预，改善市场失灵。因此，政府为激励企业进行技术创新，通常会制定多种补助政策，为企业进行技术创新提供可能。

由于政府补助方式和力度存在差异，这会影响补助政策的实施效果。自我国提出战略性新兴产业发展规划以来，各级政府纷纷出台各项扶持政策。我国海洋战略性新兴产业具有投资规模大、产业链长、经济带动性强等特点，符合国家的产业政策指导，因此成为各地政府投资的主要对象。为刺激该产业的快速增长，政府在税收、贷款、审批等方面提供各种优惠政策，其中不乏有因地方政绩的考虑而盲目增加政府补助的行为，特别是海洋战略性新兴企业的重点项目在短期内得到迅速扩张，出现了企业管理层过度投资和扶持项目重复建设的现象，造成产能过剩。由于信息不对称，如果政府不能准确判断企业未来的投资方向，将直接影响政府补助政策的实施效果，加剧研发创新的不确定性；同时，高额补贴容易引致企业通过寻租获得超额利润，因为企业几乎不需太多付出就能获得政府补贴，这在一定程度上保护了产能低效的企业。海洋战略性新兴企业的过度投资违背了政府扶持该项目的初衷，易引发道德风险与逆向选择等问题，进而挤占了海洋战略性新兴企业在研发项目上的投资，导致供需失衡。政府补助虽然在一定程度上降低了经济主体的投资风险与成本，但同样会使其对政府补助产生依赖，挤占企业原本计划投资的创新项目。根据信号传递理论，政府对某一行业进行补助，在一定程度上会造成资本市场要素价格扭曲，导致资源配置效率低下。

根据上述分析，本书提出如下假设：

H2：政府补助与海洋战略性新兴企业技术创新之间存在负相关关系。

3.1.3 政府补助的调节效应

根据波特假说，设计合理的环境规制政策能够促使企业进行技术创新，而创新产生的经济效益能够部分或全部抵消规制成本，产生创新补偿效应。受环境规制的影响，短期内企业的生产成本会上升，利润率下降；在利润的驱动下，企业为应对环境规制，减少污染排放，只能通过技术创新来提高生产率，降低生产成本。随着我国环境规制政策和标准不断完善，环境规制强度不断增强，污染治理成本不断增加，技术创新成为约束海洋战略性新兴企业进一步发展的关键。而海洋战略性新兴企业的发展必须要以高新技术为支撑，这就对其研发能力和技术创新水平提出了更高的要求。现阶段海洋战略性新兴企业主导技术不明晰，使其研发创新活动具备较大盈利空间和较大创新风险并存的特质，很多海洋战略性新兴企业即使拥有明晰的创新计划，但考虑到较高的创新成本、不确定性和风险性而被迫中止，进而降低了技术创新的主动性和积极性。此外，即使海洋战略性新兴企业取得了创新成果，但当其新技术进行应用性推广时，由于技术创新活动具有显著的知识溢出效应，创新知识很快就会部分或全部地变成公共知识，进而推动新一轮的技术创新。在此期间伴随着新技术被模仿、复制的问题，其他竞争者以较低的模仿成本从中获益，使海洋战略性新兴企业从技术创新中创造的价值被社会所共享，其私人收益小于社会收益。此时，海洋战略性新兴企业为规避创新风险，避免被其他竞争者"搭便车"，会选择放弃部分有利的研发创新项目。

根据市场失灵理论可知，环境污染的负外部性和技术创新的正外部性，均不利于海洋战略性新兴企业进行技术革新，仅依靠市场机制难以实现"环境保护"和"自身发展"的双赢，此时需要政府加以干预。政府通过税收减免、直接注入资金等方式对其进行支持，一方面，可以避免其因规制成本上升造成研发资金不足的问题，同时可以补充和缓解海洋战略性新兴企业内部资源的短缺与约束，分散技术创新的风险，增强研发创新动力；另一方面，政府向企业提供支持可以向市场传递利好信号，有助于海洋战略性新兴企业吸引大量外部资本，改善海洋战略性新兴企业技术创新的内外部资源配置，形成有利于创新的异质性资源，进而有效调节了环境规制对海洋战略性新兴企业技术创新的影响。政府补助调节效应的具体传导路径如图3-1所示。

根据上述分析，本书提出如下假设：

H3：政府补助对环境规制与海洋战略性新兴企业技术创新之间的关系具有正向调节作用。

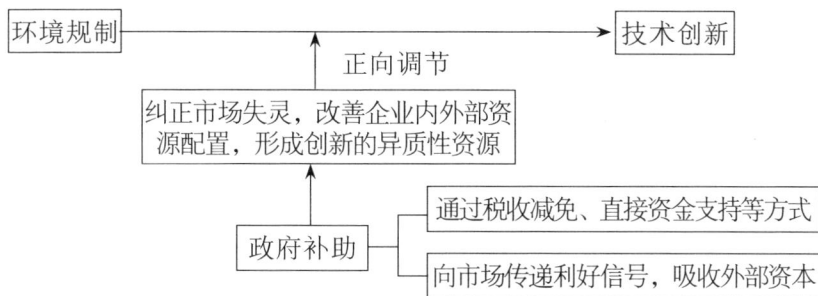

图3-1　政府补助调节效应的传导路径

3.1.4　政府补助调节效应的企业异质性分析

基于资源基础理论，异质性资源是企业进行技术创新产生竞争优势的关键，环境规制对企业技术创新的影响与其自身整合能力和获取内外部资源的能力密切相关。在我国经济体制下，企业和政府的讨价还价能力与企业对环境规制成本的消化能力决定了环境规制对企业技术创新的影响，而企业的这两种能力与企业异质性有较大关联。对于企业异质性，本书拟从产权性质和企业规模的角度加以研究。

（1）产权异质性条件下政府补助调节作用的差异

国有海洋战略性新兴企业与非国有海洋战略性新兴企业产权性质不同、代表的利益主体的不同，决定了政府对二者的干预程度、资助可能性与资助力度以及企业受环境规制的约束程度存在差异。面对同样的环境规制强度，国有背景的海洋战略性新兴企业在海洋经济体系中的主导地位以及与政府间自然存在的政治关联，使其与政府的讨价还价能力较强，对环境规制政策的消化能力更强，同时规制的成本压力更小。而非国有海洋战略性新兴企业与政府讨价还价能力较弱，环境规制的成本压力较大。在融资约束上，海洋战略性新兴企业的主导技术具有较强的不确定性和风险性，而国有海洋战略性新兴企业的融资约束较少，获得政府资助的可能性和力度较大，同时会放大政府资助的信号传递效应，使其在获得银行等金融机构的贷款和投资上更具优势，可以把更多的资金投入到研发创新上，有利于提高技术创新水平。而非国有海洋战略性新兴企业受融资约束较多，获得政府补助的力度较弱，受环境规制的影响会把更多的资金投入到末端治理上，挤占了非国有海洋战略性新兴企业的研发投入。在创新意愿上，国有海洋战略性新兴企业由于其特殊性，会使其对优质技术人才的吸引更强；同时，其高管通常由行政命令产生，其职位晋升直接与"环境绩效"挂钩，因此，他们会更倾向于迎合环境规制政策的激励效应，把更多的人力和资本投入到技术创新的活动中。因此，其创新的资质更优，意愿也更强。

根据上述分析，本书提出如下假设：

H4：相比非国有海洋战略性新兴企业，政府补助的调节作用对国有海洋战略性新兴企业技术创新的影响更显著。

（2）企业规模异质性条件下政府补助调节作用的差异

我国海洋战略性新兴企业具有知识资本密集度高、发展潜力大、创新风险高等特征，面对相同的环境规制强度，企业规模不同，对其反应也存在差异。根据熊彼特的技术创新理论，大规模企业比小规模企业在研发创新上的优势更明显。

首先，从资源禀赋来看，大规模海洋战略性新兴企业比小规模海洋战略性新兴企业更具有资源禀赋优势，这也正是企业技术创新的前提和基础。大规模海洋战略性新兴企业具有强大的资金和人力资本优势，以及规模经济优势和较强的技术创新优势，受环境规制的成本压力较小，产生的创新补偿效应更大。与大规模海洋战略性新兴企业相比，小规模海洋战略性新兴企业在资金和人力资本上处于劣势，面对环境规制的成本压力更大，会把更多的资金投入到污染治理上，遵循成本效应更强。

其次，从技术创新成本和抗风险能力来看，大规模海洋战略性新兴企业资本比较雄厚，有能力开发风险大且营利性强的产品，并通过生产更多的产品来节约生产成本，因此，其创新回报率更高，研发资本就会越雄厚，抗风险能力也就越强，其利用资源进行创新投资的可能性就越大，同时能够承担较高的沉没成本，并能够有效整合和配置企业内外部资源，利用规模经济激发创新产出的规模效应。

再次，在政府重点扶持的大型研发项目上，基于大规模海洋战略性新兴企业的研发资源和抗风险能力，其规模越大，越能将更多的资源投入到创新活动中，也就有更大的规模优势支撑企业的研发创新活动。因此，与小规模海洋战略性新兴企业相比，大规模海洋战略性新兴企业具有获得大型研发项目的优势，同时在获得政府资助上更具优势，也可以更好地发挥政府补助的效果。

最后，在融资约束上，与小规模海洋战略性新兴企业相比，大规模海洋战略性新兴企业的原始资本较雄厚，具备相对完善的公司治理结构，能够较快吸引外部资本的投入，融资成本较低，能够快速吸引和吸收外部资本并将其投入到创新活动中，其技术创新能力和水平更强，可以有效兼顾环境保护与自身的经济效益。

根据上述分析，本书提出如下假设：

H5：相比小规模海洋战略性新兴企业，政府补助的调节作用对大规模海洋战略性新兴企业技术创新的影响更显著。

根据上述假设，环境规制对海洋战略性新兴企业技术创新影响的构念模型如图3-2所示。

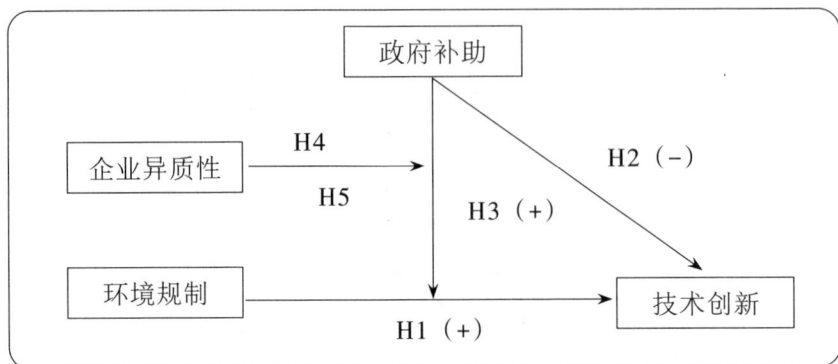

图3-2　构念模型

3.2　研究设计

3.2.1　样本选取

本书根据《全国海洋经济"十三五"规划》以及2018年国家统计局发布的战略性新兴产业分类，同时在参考姜秉国和韩立民（2011）对海洋战略性新兴产业研究成果的基础上，对上述行业进行归纳与整理，得出海洋信息技术产业、海洋高端装备制造产业、海洋新材料产业、海洋生物医药产业、海洋新能源产业、海洋节能环保产业等六大门类共同构成了海洋战略性新兴产业的结论，并根据其微观经济主体——上市公司企业年报中披露的主营业务及其占比，筛选出2013—2019年海洋战略性新兴企业，确定本书的研究样本。

为了保证样本数据的质量，对数据作如下处理：

第一，剔除2013年之后上市的公司；

第二，剔除财务状况异常的ST及*ST样本公司；

第三，剔除环境规制强度、技术创新、政府补助及其他财务指标严重缺失的样本；

第四，为保证样本量，对部分缺失值的样本，运用均值插值法进行补充和完善；

第五，为控制极端值给研究结果带来的偏差，对所有变量进行了1%的缩尾处理。

最终得到211家海洋战略性新兴企业的面板数据，共计1 477个观测值。样本筛选过程见表3-1。

表3-1　　　　　　　　　　　样本筛选过程表

步骤	内　容		剩余公司数量（家）	观测值数量（家）
1	根据海洋战略性新兴产业，筛选出沪深A股中海洋战略性新兴企业	海洋信息技术企业（74）	332	2 324
		海洋高端装备制造企业（92）		
		海洋新材料企业（80）		
		海洋生物医药企业（50）		
		海洋新能源企业（20）		
		海洋节能环保企业（16）		
2	剔除财务状况异常的ST及*ST样本公司		268	1 876
3	剔除环境规制指标不全的公司		242	1 694
4	剔除研发投入指标严重缺失的公司		229	1 603
5	剔除其他变量数据严重缺失的公司		211	1 477

3.2.2 数据来源

本书中环境规制强度的数据主要是通过对企业年报以及企业社会责任报告中有关环境信息披露的具体指标进行打分，并经过手工整理而得；技术创新的数据主要从国泰安数据库以及企业年报中进行整理而得；政府补助数据主要从企业年报"营业外收入"数据明细中进行手工整理而得；其他控制变量数据主要从国泰安数据库中获取，样本中的部分缺失值主要通过查询企业年报进行补充和完善。

3.2.3 变量定义

（1）被解释变量

技术创新（TI）：技术创新本质上是一个从投入到产出的过程。关于技术创新指标的衡量，目前学者主要从投入和产出两个维度进行衡量，具体通过研发支出、研发投入人员数量等指标来衡量技术创新的投入，通过新产品销售收入占销售收入的比重、专利申请数量以及专利授权数量等指标衡量技术创新的产出。其中，新产品销售收入主要是从宏观行业或产业层面对技术创新进行衡量，专利申请数量与专利授权数量虽然是从微观层面对企业技术创新进行衡量，但数据缺失较多，导致研究样本量较少，再加上我国知识产权保护体系不完善，技术的模仿更新速度较快，有企业为了保护自身的核心技术成果不被模仿和替代，并不采取申请专利的方式。因此，本书从投入层面选取研发投入占营业收入的比重来衡量企业的技术创新水平，该比重越大，企业的技术创新水平越高。

（2）解释变量

环境规制强度（ERI）：目前，关于环境规制指标的衡量，学术界并未形成统一的标准，学者们主要是从产业和企业两个层面选取相关指标进行衡量。

在产业层面，赵红（2008）采用每千元企业污染治理成本与工业产值的比重来衡量环境规制强度；罗艳和陈平（2018）、尤济红和王鹏（2016）采用各地区工业污染治理项目本年完成投资与规模以及工业企业的主营业务成本的比重来衡量环境规制强度；毛建辉（2019）则使用单位工业废水、废气以及废物治理投资，来构建综合指标体系，并进一步通过标准化和调整系数的方法计算环境规制综合评价指标。

在企业层面，于金和李楠（2016）通过对企业生产经营过程中的绿化费、排污费、节能减排费、环保设施运行费、污染治理费等各项环保费用支出进行加总求和，计算出企业的环境污染治理总投入，并采用"环境污染治理投入的自然对数"来衡量环境规制强度。

本书则借鉴曹慧平和沙文兵（2018）的衡量方法，通过对上市公司企业年报以及企业社会责任报告中有关环境信息披露的情况进行评分，计算出环境信息披露得分，并采用"环境信息披露总分的自然对数"来衡量环境规制强度。有关环境规制强度的具体衡量指标和评分标准如表3-2所示。

表3-2　　　　　　　　　环境信息披露评分标准

序号	内　　容	说　　明
1	环保投资（环保技术开发/环保设备购入等）	定量描述2分，定性描述1分
2	环保补助/奖励	定量描述2分，定性描述1分
3	排污费/绿化费/环境保护费或税等	定量描述2分，定性描述1分
4	污染排放浓度、种类、数量	定量描述2分，定性描述1分

序号	内 容	说 明
5	节约资源/节能降耗	定量描述2分，定性描述1分
6	污染排放达标情况	披露1分，未披露0分
7	环保/防污设施建设和运行情况	披露1分，未披露0分
8	环境制度/方针和政策/目标	披露1分，未披露0分
9	环保处罚/重污染名单情况	披露1分，未披露0分
10	环境风险防范/环境应急制度情况	披露1分，未披露0分

政府补助（GOV）：本书采用与企业业务密切相关并计入当期损益的政府补助来衡量，其数据主要是对企业年报"营业外收入"项目中的政府补助数据进行手工整理和收集，并用"政府补助金额与企业研发经费支出的比重"来衡量；同时，为了避免异方差的影响，对该比值采用取对数的形式。该指标越大，意味着政府对海洋战略性新兴企业的扶持力度就越大。

（3）控制变量

为了更好地研究环境规制和政府补助对海洋战略性新兴企业技术创新的影响，本书借鉴已有文献，加入一系列影响海洋战略性新兴企业技术创新的指标作为控制变量。控制变量的具体解释如下所示：

企业规模（SIZE）：我国海洋战略性新兴产业正处于转型期，面对相同的环境规制强度，不同规模的企业所采取的技术创新投资策略存在一定差异。一般来说，企业规模越大，资本越雄厚，抗风险能力就越强，也就更倾向于开展技术创新活动；反观小规模企业，由于受资金和环境的约束，很难开展技术创新活动。现有研究中关于企业规模的衡量，主要有以下三种方法：

一是利用各地区主营业务收入或工业总资产与企业数量的比重来衡量；

二是采用企业员工数量来衡量企业规模；

三是采用企业总资产的自然对数来衡量。

方法一主要适用于地区或行业的研究，无法获取微观企业数据；对于方法二，由于不同类型的海洋战略性新兴企业中员工数量存在较大差异，所以该方法并不适用。因此，本书选择方法三，即"企业总资产的自然对数"来衡量企业规模。

企业年龄（AGE）：通常情况下，企业的存续期越长，资本越雄厚，机制体制就越完善，越有利于企业进行研发创新。本书选取企业"当年年份－成立年份＋1"的方法来表示企业的年龄。

资本密集度（CI）：一般情况下，企业的资本密集度越高，人力资本和研发能力就越强。本书借鉴钱爱民和郁智（2017）的方法，选取"固定资产占总资产的比重"作为资本密集度的衡量指标。

资本结构（LEV）：海洋战略性新兴企业的技术创新活动具有较高的风险性、不确定性和收益性，研发周期较长，对资金的需求量较大，所以合理的资本结构可以发挥财务杠杆的作用，为企业带来超额收益。本书采用"资产负债率"来衡量企业的资本结构。

成长能力（GROWTH）：企业发展速度越快，意味着企业的盈利能力、资产规模在不断扩张，未来的经营前景就越好，也就会将更多的资金投入到研发活动中。因此，本书用"总资产增长率"来衡量企业的成长能力。

人力资本（HC）：人力资本是影响企业技术创新水平的关键因素。通常情况下，研发人员占比越高，企业的人力资本越雄厚，也就可以为企业提供强有力的智力支撑，特别是对于这种具有知识技术密集性的海洋战略性新兴企业来说更为重要。因此，本书选取"研发人员数量占员工总数的比值"作为人力资本的衡量指标。

产权性质（STATE）：产权性质从根本上决定了企业的资源配置和内部治理结构，影响企业的投资决策和技术创新行为。本书按产权性质将海洋战略性新兴企业划分为国有海洋战略性新兴企业和非国有海洋战略性新兴企业，国有海洋战略性新兴企业取值为1，非国有海洋战略性新兴企业取值为0。具体的变量定义详见表3-3。

表3-3   **变量定义**

类型	符号	名称	变量定义
被解释变量	TI	技术创新	研发投入/营业收入
解释变量	ERI	环境规制强度	环境信息披露总分的自然对数
	GOV	政府补助	政府补助/研发投入
控制变量	SIZE	企业规模	总资产的自然对数
	AGE	企业年龄	当年年份-成立年份+1
	CI	资本密集度	固定资产占总资产的比重
	LEV	资本结构	资产负债率=负债总额/资产总额
	GROWTH	成长能力	总资产增长率=本年总资产增长额/年初资产总额
	HC	人力资本	研发人员数量/员工总数
	STATE	产权性质	国有海洋战略性新兴企业赋值为1，否则赋值为0

3.2.4 模型构建

本书根据2013—2019年我国海洋战略性新兴企业的面板数据，为了考察环境规制强度（ERI_{it}）对海洋战略性新兴企业技术创新（TI_{it}）影响的总效应，本书基于H1，借鉴陈晓等（2019）的模型检验，控制了其他可能影响技术创新的因素，构建如下模型：

$$TI_{it} = \beta_0 + \beta_1 ERI_{it} + \gamma_i X_{it} + \varepsilon_{it} \tag{3-1}$$

同时为了更好地检验H1，考虑到环境规制强度与海洋战略性新兴企业技术创新之间可能存在非线性关系，本书在模型（3-1）的基础上引入了环境规制强度的平方项（ERI_{it}^2），构建如下模型：

$$TI_{it} = \beta_0 + \beta_1 ERI_{it} + \beta_2 ERI_{it}^2 + \gamma_i X_{it} + \varepsilon_{it} \tag{3-2}$$

其中：i代表企业；t代表年份；TI_{it}为被解释变量，代表技术创新水平；ERI_{it}为解释变量，代表环境规制强度；X_{it}代表控制变量的集合，主要包括企业规模（SIZE）、企业年龄（AGE）、资本结构（LEV）、企业成长能力（GROWTH）、资本密集度（CI）、人力资本（HC）、企业性质（STATE）；ε_{it}代表随机扰动项。

为了考察政府补助（GOV_{it}）对海洋战略性新兴企业技术创新（TI_{it}）的影响，本书基于H2，在模型（3-2）的基础上加入了政府补助项（GOV_{it}），构建了如下模型：

$$TI_{it} = \beta_0 + \beta_1 ERI_{it} + \beta_2 ERI_{it}^2 + \beta_3 GOV_{it} + \gamma_i X_{it} + \varepsilon_{it} \tag{3-3}$$

为了更好地研究政府补助对环境规制与海洋战略性新兴企业技术创新之间关系的调节效应，本书基于H3，在模型（3-3）的基础上引入了政府补助与环境规制的交互项（$ERI_{it}*GOV_{it}$），得到如下模型：

$$TI_{it} = \beta_0 + \beta_1 ERI_{it} + \beta_2 ERI_{it}^2 + \beta_3 GOV_{it} + \beta_4 ERI_{it}*GOV_{it} + \gamma_i X_{it} + \varepsilon_{it} \tag{3-4}$$

3.3 实证分析

3.3.1 描述性统计

从表3-4中可以看出，海洋战略性新兴企业技术创新水平的变化范围为0.04到15.96，均值为4.037，标准差为2.888，说明海洋战略性新兴企业之间的技术创新水平存在较大差异。环境规制强度的变化范围从0到2.708，可见我国各地区海洋战略性新兴企业受环境规制的约束程度存在一定的差异，均值为1.698，标准差为0.718，说明了当前我国整体的环境规制强度较低，但存在一种平稳增长的态势。政府补助的最小值为0.00379，最大值为15.81，表明海洋战略性新兴企业在获得的政府补助方面存在较大的差异，可见政府对不同类型的海洋战略性新兴企业实施了不同的补助政策。综上所述，以上关键变量之间都存在较大的差距，这可能受区域异质性、产权异质性或企业规模差异等多种因素的影响。

从表3-4中控制变量的变化中可以看出：企业规模、企业年龄、资本密集度以及人力资本的变化幅度比较大，标准差都大于1，说明海洋战略性新兴企业的企业规模、企业年龄、资本密集度以及人力资本的分布较为分散，样本的差异较大。其余控制变量的标准差都小于1，维持良好的正态分布。

表3-4　　　　　　　　　　**描述性统计**

变量	样本量	均值	标准差	最小值	最大值
TI	1 477	4.037	2.888	0.04	15.96
ERI	1 477	1.698	0.718	0	2.708

续表

变量	样本量	均值	标准差	最小值	最大值
GOV	1 477	0.611	1.981	0.00379	15.81
SIZE	1 477	22.6	1.371	20.51	26.75
AGE	1 477	11.89	6.437	2	26
CI	1 477	2.249	1.294	0.506	7.619
LEV	1 477	0.458	0.186	0.0798	0.869
GROWTH	1 477	0.12	0.232	−0.267	1.357
HC	1 477	15.09	10.05	0.72	51.76
STATE	1 477	0.422	0.494	0	1

3.3.2 相关性分析

从表3-5中可以看出：在没有控制其他变量的情况下，环境规制（ERI）与海洋战略性新兴企业技术创新（TI）之间呈显著的负相关关系；政府补助（GOV）与海洋战略性新兴企业技术创新（TI）之间呈显著的负相关关系；其他控制变量的相关性也基本上通过了显著性检验，这表明需要对这些控制变量进行控制。

表3-5　　　　　相关性分析

变量	TI	ERI	GOV	AGE	SIZE	CI	LEV	GROWTH	HC	STATE
TI	1.000									
ERI	−0.1822*	1.000								
GOV	−0.2495*	0.0845*	1.000							

续表

变量	TI	ERI	GOV	AGE	SIZE	CI	LEV	GROWTH	HC	STATE
AGE	-0.1991*	0.3886*	0.0358	1.000						
SIZE	-0.2937*	0.4287*	0.0893*	0.4642*	1.000					
CI	0.3581*	-0.1616*	0.0460	-0.1282*	-0.0966*	1.000				
LEV	-0.2585*	0.1923*	0.1158*	0.3752*	0.5309*	-0.0860*	1.000			
GROWTH	0.0671*	-0.1438*	-0.0756*	-0.1921*	-0.0454	0.1901*	-0.1163*	1.000		
HC	0.5076*	-0.2767*	-0.1621*	-0.1199*	-0.2406*	0.0727*	-0.1863*	-0.1163*	1.000	
STATE	-0.0388	0.3182*	-0.0250	0.5163*	0.4425*	-0.1426*	0.2764*	-0.1863*	-0.0442	1.000

注：*表示 $p < 0.05$。

3.3.3 多重共线性检验

为了避免模型中因环境规制的平方项（ERI^2）和环境规制与政府补助的交互项（ERI*GOV）而产生多重共线性问题，本书在进行回归之前对所有变量进行了中心化处理，并对本书的4个模型均进行了方差膨胀因子（VIF）检验。根据经验法则，方差膨胀因子VIF的值越大，模型中各变量间的多重共线性就越严重。经测算，模型中方差膨胀因子（VIF）的最大值均小于10，故不存在严重的多重共线性问题。多重共线性检验的具体结果见表3-6。

3.3.4 效应检验

本书利用STATA 15.0软件在对面板数据模型进行估计时，首先采用F检验对混合效应模型和固定效应模型进行检验，所有模型的F检验结果均拒绝原假设，说明本书数据支持固定效应模型。F检验的具体结果详见表3-7。

表3-6   多重共线性检验

变量	VIF（1）	VIF（2）	VIF（3）	VIF（4）
ERI	1.40	2.28	2.28	2.29
ERI*ERI		1.65	1.65	1.66
GOV			1.05	1.43
ERI*GOV				1.41
SIZE	1.86	1.91	1.91	1.92
AGE	1.61	1.62	1.62	1.62
STATE	1.54	1.54	1.55	1.55
LEV	1.46	1.46	1.47	1.47
HC	1.14	1.15	1.17	1.17
GROWTH	1.10	1.10	1.10	1.10
CI	1.07	1.08	1.09	1.09
Mean VIF	1.40	1.53	1.49	1.52

然后，通过Hausman检验对固定效应模型和随机效应模型进行比较，从Hausman检验结果中可以看出，最终支持的是固定效应模型，具体检验结果见表3-8。同时，为了避免异方差的存在，本书选择异方差稳健的标准误对模型参数进行估计。

表3-7　　　　　　　　　　F检验

项目	模型（1）	模型（2）	模型（3）	模型（4）
F值	F（210,1258）=20.11	F（210,1257）=20.08	F（210,1256）=19.09	F（210,1255）=19.11
P值	0.0000	0.0000	0.0000	0.0000
OLS or FE	FE	FE	FE	FE

表3-8　　　　　　　　　　Hausman检验

项目	模型（1）	模型（2）	模型（3）	模型（4）
chi-sq	84.30	92.67	106.14	108.28
P值	0.0000	0.0000	0.0000	0.0000
FE or RE	FE	FE	FE	FE

3.3.5　回归分析

（1）环境规制对海洋战略性新兴企业技术创新的影响检验

表3-9中模型（1）显示了环境规制（ERI）对海洋战略性新兴企业技术创新（TI）的回归结果，用来检验H1。从模型（1）中可以看出，环境规制对海洋战略性新兴企业技术创新影响的回归系数为0.383，且在1%的显著性水平上显著为正，说明了当前环境规制强度能显著促进海洋战略性新兴企业技术创新。模型（2）显示了在加入环境规制平方项（ERI²）后，环境规制对海洋战略性新兴企业技术创新的回归结果，其中环境规制一次项（ERI）在1%的显著性水平上为0.554，环境规制平方项（ERI²）

的回归系数在5%的显著性水平上为0.181，模型（2）的回归结果和显著性与模型（1）的回归结果和显著性保持一致，这就更加证实了H1的猜想，表明环境规制与海洋战略性新兴企业技术创新之间呈显著的正相关关系，且随着环境规制强度的增加，海洋战略性新兴企业技术创新水平呈增长趋势。因此，H1得到验证，即现阶段我国环境规制强度有助于激发海洋战略性新兴企业进行技术创新。这进一步说明了海洋战略性新兴企业作为我国海洋经济发展的重点领域，具有较强的预见性。在环境规制强度趋严的背景下，海洋战略性新兴企业会主动变革，加快研发进程，进而产生了较强的创新补偿效应，波特假说在我国海洋战略性新兴企业中得到验证。

表3-9 环境规制、政府补助与海洋战略性新兴企业技术创新的关系

变量名称	模型（1）	模型（2）	模型（3）	模型（4）
	TI	TI	TI	TI
ERI	0.383^{***}	0.554^{***}	0.532^{***}	0.529^{***}
	[0.0787]	[0.1081]	[0.1073]	[0.1072]
ERI*ERI		0.181^{**}	0.157^{**}	0.141^{*}
		[0.0790]	[0.0785]	[0.0789]
GOV			-0.100^{***}	-0.120^{***}
			[0.0216]	[0.0241]
ERI*GOV				0.0740^{*}
				[0.0394]
SIZE	-0.569^{***}	-0.558^{***}	-0.582^{***}	-0.594^{***}
	[0.1013]	[0.1012]	[0.1005]	[0.1006]

续表

变量名称	模型（1）	模型（2）	模型（3）	模型（4）
	TI	TI	TI	TI
AGE	0.0876	0.1	0.0812	0.0842
	[0.4318]	[0.4311]	[0.4276]	[0.4272]
CI	0.710***	0.714***	0.723***	0.723***
	[0.0474]	[0.0474]	[0.0470]	[0.0470]
LEV	1.064***	1.036***	1.209***	1.222***
	[0.3808]	[0.3804]	[0.3791]	[0.3788]
GROWTH	−0.393**	−0.414***	−0.446***	−0.441***
	[0.1552]	[0.1552]	[0.1541]	[0.1540]
HC	0.0331***	0.0338***	0.0297***	0.0282***
	[0.0089]	[0.0089]	[0.0089]	[0.0089]
STATE	0.973***	0.932***	0.933***	0.941***
	[0.3143]	[0.3143]	[0.3118]	[0.3115]
_cons	12.28***	11.57***	12.37***	12.65***
	[4.4327]	[4.4357]	[4.4033]	[4.4015]
个体效应	控制	控制	控制	控制
年份效应	控制	控制	控制	控制
N	1 477	1 477	1 477	1 477
adj.R-sq	0.0978	0.1009	0.1153	0.1171
AIC	4 367.3	4 363.1	4 340	4 337.8
BIC	4 446.7	4 447.8	4 430.1	4 433.2

注：***表示 $p<0.01$，**表示 $p<0.05$，*表示 $p<0.1$，中括号内为稳健标准误。

（2）政府补助对海洋战略性新兴企业技术创新的影响检验

表3-9中模型（3）显示了政府补助（GOV）对海洋战略性新兴企业技术创新（TI）的回归结果，用来检验H2。从模型（3）的回归结果可知，政府补助对海洋战略性新兴企业技术创新影响的回归系数为-0.1，且在1%的水平上显著为负，表明政府补助与海洋战略性新兴企业技术创新之间存在显著的负相关关系。因此，H2得到验证。这说明当前政府补助强度对海洋战略性新兴企业技术创新活动存在严重的挤出效应。出现这种结果的原因可能是：

第一，现阶段我国海洋战略性新兴企业处于初创期，资金和要素较为分散，技术创新的风险和难度较大。因此，国家为促进海洋战略性新兴产业的发展壮大，对微观经济主体的扶持力度不断加大，会有海洋战略性新兴企业为了迎合政府补助项目通过欺骗的方式来获取政府补助。同样，由于信息不对称的存在，政府无法有效地控制补助资金的最终流向和用途，海洋战略性新兴企业因此产生过度投资的行为，进而导致了政府补助政策的低效。

第二，当前政府补助强度可能会挤占其原本计划对某些研发项目的投资，导致受资助研发项目对非资助研发项目的排挤，从而降低海洋战略性新兴企业的研发投资规模，不利于其技术创新水平的提高。

第三，有些地方政府为降低官员自身的"政治风险"和补助项目"失败"的风险，更倾向于支持那些具有高预期和高资本回报率的项目，从而挤占了海洋战略性新兴企业原本对该项目的投资。除此之外，政府将大部分资金投入到基础性研发项目中，而基础性研发项目具有较强的技术溢出效应，容易造成其他竞争者"搭便车"的行为，这使海洋战略性新兴企业不能独享创新成果，故会减少自身研发资金的支出，从而导致整个产业技术创新水平低下。

第四，政府对补助款项的具体落实过程缺乏有效监管，导致政府补助并未落实到具体的技术创新活动中。海洋战略性新兴企业在获得政府补助后，很可能会把政府的特定补助款项投入到其他非研发活动中，如支付员工工资、支付贷款或货款等，导致政府补助并未真正激发海洋战略性新兴企业进行技术创新活动。

（3）政府补助的调节效应检验

表3-9中模型（4）为了检验政府补助（GOV）对环境规制（ERI）与海洋战略性新兴企业技术创新（TI）之间关系的调节效应，在模型（3）的基础上引入了环境规制与政府补助的交互项（ERI*GOV），用来检验H3。从表3-9中可以看出，环境规制与政府补助的交互项（ERI*GOV）的回归系数为0.0740，在10%的水平上显著为正，这说明政府补助正向调节了环境规制与海洋战略性新兴企业技术创新之间的关系。由模型（3）可知，虽然政府补助并未促进海洋战略性新兴企业进行技术创新，但在环境规制强度趋严的背景下，政府对海洋战略性新兴企业进行补助，能够强化环境规制对海洋战略性新兴企业技术创新的创新补偿效应，更能促进其加大研发投入力度，实现激励创新的效果。因此，H3得到验证。

在表3-9中，从模型中控制变量的回归结果可以看出：

第一，企业规模与海洋战略性新兴企业技术创新之间呈显著的负相关关系，这表明对于规模较大的海洋战略性新兴企业来说，规模越大，灵活性就越差，沉没成本和转换成本就越高，越不利于提高海洋战略性新兴企业的技术创新水平。

第二，企业年龄与海洋战略性新兴企业技术创新之间呈正相关关系，但不显著。可能的原因是企业上市的时间越长，资本越雄厚，越有利于技术创新，但可能受企业异质性、区域异质性等因素的影响，导致二者之间的关系并不显著。

第三，资本密集度与海洋战略性新兴企业技术创新呈显著的正相关关系，表明较高的资本密集度，能够为海洋战略性新兴企业创新资本积累提供坚实的基础。

第四，资本结构与海洋战略性新兴企业技术创新之间呈显著的正相关关系，这表明市场投资者对海洋战略性新兴企业的盈利能力充满信心，同时适度的负债经营可以为其研发创新提供充足的资金。

第五，成长能力与海洋战略性新兴企业技术创新之间呈显著的负相关关系，原因可能是国家为了促进海洋战略性新兴产业的发展，对其扶持力度较大，各项优惠政策多措并举，使海洋战略性新兴企业的发展呈现"重规模，轻创新"的局势，并未促进海洋战略性新兴企业技术创新水平的提高。

第六，人力资本与海洋战略性新兴企业技术创新之间呈显著的正相关关系，这表明人力资本可以为海洋战略性新兴企业开展技术创新活动提供重要的智力支撑，有利于促进海洋战略性新兴企业技术创新水平的提高。

第七，产权性质与海洋战略性新兴企业技术创新之间呈显著的正相关关系，这为进一步研究产权异质性条件下海洋战略性新兴企业技术创新的差异奠定了基础。

（4）基于企业异质性的检验

为进一步探讨企业异质性条件下政府补助对环境规制和海洋战略性新兴企业技术创新之间关系调节效应的差异，本书拟从产权异质性和企业规模异质性的角度加以研究。

第一，产权异质性条件下政府补助调节作用的差异。

为了检验政府补助（GOV）对环境规制（ERI）与不同所有制海洋战略性新兴企业技术创新（TI）之间关系调节效应的差异，本书将海洋战略性新兴企业划分为国有海洋战略性新兴企业和非国有海洋战略性新兴企业，用来检验 H4。由表 3-10 的回归结果可以看出：在国有海洋战略性新兴企业组中，环境规制与政府补助交互项（ERI*GOV）的回归系数在10%的显著性水平上为0.258；在非国有海洋战略性新兴企业组中调节效应不显著，这说明在不同产权性质下，政府补助对环境规制与海洋战略性新兴企业技术创新之间关系的调节效应存在明显差异。因此，H4得到验证。出现这种差异的原因可能是：在环境规制和政府补助政策的影响下，国有海洋战略性新兴企业在响应政府环保政策方面具有较强的执行力和引领力，除进行节能减排外，还会把政府补助资金更多地投入到具有前瞻性的环保技术研发中。而非国有海洋战略性新兴企业在环境规制政策影响下，可能会把政府补助的资金更多地投入到污染治理中，而非研发创新活动中。因此，政府补助对环境规制与非国有海洋战略性新兴企业技术创新之间关系的调节效应并不显著。

表3-10　　　　　　　　**产权性质的异质性检验**

变量名称	国有海洋战略性新兴企业	非国有海洋战略性新兴企业
	TI	TI
ERI	0.984***	0.409***
	[0.1636]	[0.1403]
ERI*ERI	0.489***	−0.00193
	[0.1281]	[0.0990]
GOV	−0.252**	−0.109***
	[0.1095]	[0.0252]
ERI*GOV	0.258*	0.064
	[0.1567]	[0.0429]

续表

变量名称	国有海洋战略性新兴企业	非国有海洋战略性新兴企业
	TI	TI
SIZE	−0.445***	−0.734***
	[0.1295]	[0.1557]
AGE	0.0774***	0.0718**
	[0.0298]	[0.0329]
CI	0.719***	0.752***
	[0.0715]	[0.0596]
LEV	0.086	1.718***
	[0.6082]	[0.4956]
GROWTH	−0.914***	−0.440**
	[0.2764]	[0.1865]
HC	−0.00537	0.0443***
	[0.0152]	[0.0107]
_cons	9.634***	16.00***
	[2.7183]	[3.2163]
N	624	853
adj.R-sq	0.1034	0.1229
AIC	1775.4	2482.9
BIC	1824.2	2535.1

注：***表示 $p<0.01$，**表示 $p<0.05$，*表示 $p<0.1$，中括号内为稳健标准误。

除此之外，从表3-10中我们还可以发现：环境规制对不同所有制海洋战略性新兴企业技术创新的影响均在1%的水平上显著为正，在国有海洋战略性新兴企业组中，环境规制强度每增加1个百分点，海洋战略性新兴企业技术创新水平增加0.984个单位。而在非国有海洋战略性新兴企业组中，环境规制强度每增加1个百分点，海洋战略性新兴企业技术创新水平增加0.409个单位。相比而言，环境规制对国有海洋战略性新兴企业技术创新的影响更大。环境规制的平方项提高了国有海洋战略性新兴企业的技术创新水平，而对非国有海洋战略性新兴企业技术创新的影响不显著。政府补助对不同产权性质的海洋战略性新兴企业技术创新的影响与总样本回归结果基本保持一致。资本结构和人力资本对非国有海洋战略性新兴企业技术创新的影响更显著，这说明对于非国有海洋战略性新兴企业来说，较强的债务融资能力和雄厚的人力资本对技术创新活动起到至关重要的作用；国有海洋战略性新兴企业的技术创新行为受国家政策的影响可能更强。其他控制变量的回归结果与总样本的回归结果基本上保持一致。综上可知，面对同样的环境规制强度和政府补助时，不同所有制类型的海洋战略性新兴企业所作出的投资决策存在较大差异。

第二，企业规模异质性条件下政府补助调节作用的差异。

为了检验政府补助（GOV）对环境规制（ERI）与不同企业规模海洋战略性新兴企业技术创新（TI）之间关系调节效应的差异，本书将海洋战略性新兴企业划分为大规模海洋战略性新兴企业和小规模海洋战略性新兴企业，用来检验H5。由表3-11的回归结果可以看出，在大规模海洋战略性新兴企业组中，环境规制与政府补助交互项（ERI*GOV）的回归系数在10%的显著性水平上为0.107；在小规模海洋战略性新兴企业组中调节效应不显著，这说明在不同企业规模下，政府补助对环境规制与海洋战略性新兴企业技术创新之间关系的调节效应存在明显差异，即政府补助在大规模海洋战略性新兴企业组中对环境规制与海洋战略性新兴企业技术创新之间关系的正向调节作用更显著。因此，H5得到验证。出现这种差异的原因可能是：

表3-11　　　　　　企业规模的异质性检验

变量名称	大规模海洋战略性新兴企业	小规模海洋战略性新兴企业
	TI	TI
ERI	0.658***	0.315*
	[0.1345]	[0.1769]
ERI*ERI	0.17	0.079
	[0.1101]	[0.1206]
GOV	−0.114***	−0.0918**
	[0.0392]	[0.0411]
ERI*GOV	0.107*	−0.0151
	[0.0640]	[0.0698]
AGE	0.0371	−0.00357
	[0.0227]	[0.0301]
CI	0.609***	0.876***
	[0.0599]	[0.0735]
LEV	−0.739	2.403***
	[0.4972]	[0.6031]
GROWTH	−0.706***	−0.880***
	[0.1885]	[0.2250]
HC	0.0415***	0.0200*
	[0.0133]	[0.0121]

续表

变量名称	大规模海洋战略性 新兴企业	小规模海洋战略性 新兴企业
	TI	TI
STATE	0.774**	−0.704
	[0.3805]	[0.6436]
_cons	−0.273	1.292***
	[0.4912]	[0.4307]
N	746	731
adj.R-sq	0.0577	0.0597
AIC	1 916.3	2 216.8
BIC	1 967.0	2 267.4

注：***表示 $p<0.01$，**表示 $p<0.05$，*表示 $p<0.1$，中括号内为稳健标准误。

① 与小规模海洋战略性新兴企业相比，大规模海洋战略性新兴企业具有更高的知识资本密集度，面对环境规制的影响，把政府补助资金投入到技术创新的可能性更高。

② 与小规模海洋战略性新兴企业相比，大规模海洋战略性新兴企业由于其自身具有较强的内外部融资能力，所以政府补助对技术创新的激励效应会更强。

③ 根据熊彼特的技术创新理论，规模越大的企业，最大限度地调配资源的能力就越强，用于研发投入的人力、物力和财力就越多，其潜在的技术创新能力也就越强。因此，大规模海洋战略性新兴企业也具有较强的知识产权转化能力。

除此之外，从表3-11中我们还可以发现：在大规模海洋战略性新兴企业组中，环境规制强度每增加1个百分点，海洋战略性新兴企业技术创新水平就增加0.658单位。而在小规模海洋战略性新兴企业组中，环境规制强度每增加1个百分点，海洋战略性新兴企业技术创新水平就增加0.315单位。由此可以知道，环境规制对大规模海洋战略性新兴企业技术创新的影响更大。政府补助与不同规模的海洋战略性新兴企业技术创新之间关系的回归结果与总样本回归结果保持一致。资本结构对小规模海洋战略性新兴企业技术创新的影响呈显著的正向关系，这说明对于小规模海洋战略性新兴企业来说，债务融资能力越强，越能筹措其经营发展所需的资金，可以更好发挥财务杠杆的作用，为小规模海洋战略性新兴企业技术创新提供充足的资金保障。虽然较高的资产负债率促进了小规模海洋战略性新兴企业的技术创新水平，但是资产负债率还是要控制在合理的范围内，才能降低企业的财务风险。其他控制变量的回归结果与总样本的回归结果基本保持一致。

3.4 稳健性检验

为了确保研究结果的稳健性，本书采用有放回、分块随机抽样方法抽取30%的样本重新进行回归检验，结果如表3-12所示。通过回归结果可以发现，环境规制与海洋战略性新兴企业技术创新之间呈显著的正相关关系；政府补助对海洋战略性新兴企业技术创新的影响呈显著的负相关关系；政府补助正向调节了环境规制与海洋战略性新兴企业技术创新之间的关系。所以该检验结果与上文模型检验结果基本一致，进而证明了本书研究结果的稳健性。

表3-12　　　　　　　稳健性检验

变量名称	模型（1）	模型（2）	模型（3）	模型（4）
	TI	TI	TI	TI
ERI	0.520***	0.770***	0.815***	0.861***
	[0.1286]	[0.1816]	[0.1813]	[0.1801]
ERI*ERI		0.245*	0.260**	0.227*
		[0.1264]	[0.1257]	[0.1250]
GOV			−0.0706**	−0.263***
			[0.0284]	[0.0716]
ERI*GOV				0.293***
				[0.1001]
SIZE	−0.397***	−0.372***	−0.340**	−0.343***
	[0.1329]	[0.1331]	[0.1328]	[0.1315]
AGE	0.63	0.606	0.564	0.576
	[0.4888]	[0.4872]	[0.4841]	[0.4792]
CI	0.395***	0.408***	0.401***	0.403***
	[0.0850]	[0.0850]	[0.0845]	[0.0836]
LEV	1.529***	1.393***	1.479***	1.418***
	[0.5046]	[0.5076]	[0.5052]	[0.5006]
GROWTH	−0.445*	−0.548**	−0.558**	−0.526**
	[0.2459]	[0.2507]	[0.2490]	[0.2467]
HC	0.00268	0.0044	0.00328	0.00285

续表

变量名称	模型（1）	模型（2）	模型（3）	模型（4）
	TI	TI	TI	TI
	[0.0140]	[0.0139]	[0.0138]	[0.0137]
STATE	2.053***	1.991***	1.973***	1.891***
	[0.3994]	[0.3992]	[0.3965]	[0.3935]
_cons	2.626	1.821	1.546	1.575
	[5.6624]	[5.6566]	[5.6187]	[5.5621]
N	441	441	441	441
adj.R-sq	0.2440	0.2496	0.2599	0.2747
AIC	1 143.7	1 141.3	1 136.0	1 127.9
BIC	1 205.1	1 206.7	1 205.5	1 201.5

注：***表示 $p<0.01$，**表示 $p<0.05$，*表示 $p<0.1$，中括号内为稳健标准误。

3.5 本章小结

本章在理论分析的基础上提出研究假设，并根据2013—2019年我国海洋战略性新兴企业的面板数据，采用固定效应模型，检验环境规制、政府补助分别对海洋战略性新兴企业技术创新的影响以及政府补助对环境规制与技术创新二者关系的调节作用，并基于企业异质性视角展开进一步分析。结果显示：环境规制与海洋战略性新兴企业技术创新之间存在显著的正相关关系；政府补助与海洋战略性新兴企业技术创新之间呈显著的负相关关系；政府补助正向调节了环境规制与海洋战略性新兴企业技术创新之间的关系；在企业异质性视角下，政府补助对环境规制与海洋战略性新兴企业技术创新之间关系的调节效应存在明显差异。与非国有和小规模海洋战略性新兴企业相比，环境规制对国有、大规模海洋战略性新兴企业技术创新的影响更显著，政府补助对环境规制与国有大规模海洋战略性新兴企业技术创新之间关系的调节效应更显著。

第 4 章　环境规制影响海洋战略性新兴企业技术创新的组态特征

4.1　理论分析与组态特征模型构建

"环境规制能否促进企业技术创新"，针对这一问题已有的研究呈现出三种代表性的观点：

第一种观点是环境规制抑制企业技术创新。Kneller 和 Manderson（2012）、伍格致和游达明（2019）认为环境规制对企业研发投资产生挤出效应，不利于企业技术创新。

第二种观点与之相反，认为环境规制能够倒逼企业技术创新，使得企业通过技术创新打破环境规制瓶颈，获得创新补偿效应。

第三种观点是环境规制与企业技术创新之间的关系是非线性

的，可能是U形、倒U形或N形。学者们之所以得出不一致的观点，主要原因在于未充分考虑环境规制的异质性，在研究过程中或是单纯地用某一指标泛泛地代表环境规制，或是为增强环境规制对技术创新的解释力度，选择用几个变量综合来衡量，这两种做法均忽视了不同类型环境规制作用的差异。

我国学者对环境规制异质性的研究起步较晚。早期对环境规制的研究实际上就是针对命令控制型环境规制的研究，多数学者认为该类型具有强制性，企业面对此种规制难有讨价的空间。而后，学者们对环境规制进行了分类研究，提出了"二分法""三分法""四分法"。"二分法"是在命令控制型环境规制的基础上增加了市场激励型环境规制，此种类型具体可采用排污收费、碳排放交易、政府补贴等指标来衡量。"三分法"是将企业作为环保行动主体的自愿型环境规制来考虑，多选用ISO 14001认定作为衡量指标。"四分法"则增加了隐性环境规制，强调了以社会公众为主体对环境的监督力量。

此外，赵玉民等（2009）直接将环境规制分为显性环境规制和隐性环境规制，并将命令控制型、市场激励型和自愿型环境规制归为显性环境规制。在这些环境规制类型中，命令控制型和市场激励型的规制主体为政府，自愿型以及隐性环境规制的直接规制主体虽然不是政府，但二者的规制效果有赖于政府政策法规、技术标准等监督管理体系的引导，这为本书将4种环境规制类型纳入同一研究框架的思路提供了理论依据。

随着环境规制异质性研究的推进，我国学者开始关注不同类型环境规制对企业技术创新作用的差异。

一方面从某一环境规制类型出发，探究其与技术创新之间的关系。张倩（2015）提出市场激励型环境规制对技术开发、绿色工艺创新等不同种类的技术创新均具有激励作用。任胜钢等（2018）以ISO 14001标准认证作为自愿型环境规制的衡量指标，提出自愿型环境规制能够促进企业的绿色创新。张克森（2019）认为隐性环境规制能够通过舆论压力倒逼技术创新，从而降低技术进步对能源的消耗，实现节能减排。

另一方面，更多的学者选择两到三种规制类型，分别论证对技术创新的影响。王班班和齐绍洲（2016）认为市场型和命令型政策工具均有助于诱发节能减排技术创新，且两种环境规制的作用存在行业异质性。蔡乌赶和李青青（2019）基于 Sys-GMM 估计法提出命令控制型、市场激励型以及公众参与型环境规制与企业生态技术创新之间均呈现出 U 形关系。尽管学者们已经注意到环境规制的异质性，并研究了多种环境规制对企业技术创新的影响，但其本质同只进行一种环境规制工具的研究一样，还是将每一种环境规制视为独立的变量，没有考虑到各类环境规制间的相互作用将导致不同的技术创新效果。

综上所述，若要深入探究环境规制对海洋战略性新兴企业技术创新的影响，不能一味加强或减弱某种环境规制的强度，应认识到海洋战略性新兴企业技术创新受多种环境规制类型的共同作用。因此，本书基于现有的研究成果，将隐性环境规制与显性环境规制纳入同一研究框架，从组态视角出发，探索有助于海洋战略性新兴企业高技术创新绩效的环境规制组态以及导致非高技术创新绩效的环境规制组态，并揭示各类环境规制间的潜在关系，为政府部门制定与实施合理的环境规制，促进海洋战略性新兴企业技术创新提供参考。具体研究模型如图 4-1 所示。

其中，显性环境规制包括命令控制型、市场激励型以及自愿型环境规制。具体而言，命令控制型环境规制是政府或立法部门为保护和改善生态环境所制定的法律、法规、政策等，对企业的行为能够进行直接干预，但刚性较强，执行成本较高。污染物总量控制、污染治理投资、环境影响评价制度、"三同时"制度等都属于该类型。市场激励型环境规制是政府以市场为基础所采取

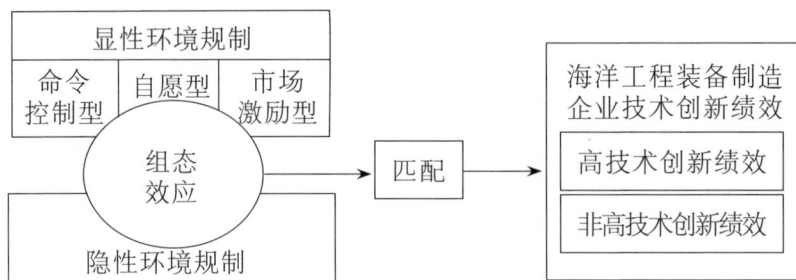

图 4-1　研究模型

的能够引导激励企业保护环境的政策制度，如环境税费、排污许可证、政府补贴等措施。该类型环境规制强调通过市场信号帮助企业优化环境治理决策，与命令控制型环境规制相比，更多的是发挥正强化的作用。自愿型环境规制是以企业为主体实施的非强制性环保措施，建立在企业主动承担环保责任、自愿采取环保措施的基础上，具体表现为企业的环境认证、环境标志等。隐性环境规制是一种内在于个体的、无形的环保意识、环保观念，是社会公众为了自身利益而采取的环保行动。自愿型环境规制和隐性环境规制相对于前两种类型环境规制而言，强调企业、行业与社会公众的主体作用，政府更多地扮演辅助、引导的角色。

4.2　研究设计与数据处理

4.2.1　研究方法

本书主要采用了定性比较分析（QCA）方法，该方法力求将定性分析与定量分析的优点相结合。具体而言，QCA方法采用整体视角，开展案例层面的比较分析，每个案例被视为条件变量的"组态"。在确定多个条件变量与结果变量的基础上，将各个案例看作不同条件变量的逻辑组合，通过对案例进行充分的比较分析，找出两者之间的逻辑关系，并进行一定的简化处理，最终得出可以产生结果的条件变量组合，即前因条件构型。该分析过程包括前期在构建模型时的文献梳理以及理论分析，从而确定哪些条件需要被纳入研究模型以及如何衡量所选取的条件；同时，理论分析可以指导如何选择案例，从而进行后期的实证研究分析。QCA 方法通过对所选取案例进行数据搜集、数据校准、真值表构建以及组态分析等一系列操作，从而得出各条件变量对结果所具有的组态效应。定性比较分析方法主要包括清晰集定性比较分析（cs-QCA）方法、模糊集定性比较分析以及多值集定性比较分析（mv-QCA）方法。

cs-QCA 是被开发的第一种 QCA 技术，布尔代数是其基础。布尔代数基本规则为当某个变量存在时，赋值为 1；若该变量不存在，则赋值为 0。cs-QCA 具体可分为 6 个步骤：

（1）构建"二分数据表"

基于布尔代数规则，在完成前期的案例与变量选择之后，需要根据所搜集到的数据构建二分数据表，按照理论或实际知识设定相应的阈值，进而将各案例所包含的条件变量与结果赋值为 0 或 1。

（2）构建"真值表"

将所构建的二分数据表运用相应软件进行处理，并形成真值表。

（3）解决矛盾组态

在所生成的真值表中或许存在条件组合相同但结果不同的案例，即存在矛盾组态。解决矛盾组态有 8 种方式，包括在模型中添加或删除条件或用其他条件代替、重新进行变量的设计、将所有的矛盾组态重新编码，使其结果值为 [0] 等方式。

（4）布尔最小化

依据布尔最小化原则将布尔表达式进行简化。

（5）纳入"逻辑余项"

"逻辑余项"案例是指理论上存在某种逻辑组合，但实际中并未观察到相应的案例，纳入逻辑余项可以使分析结果更加简化。

（6）对最终所得出的结果进行组态分析

由于 cs-QCA 仅能对变量进行二分赋值，因此存在许多矛盾组态，为后续的研究分析带来了不便。

mv-QCA 是 cs-QCA 的拓展，保留了 cs-QCA 的主要原则及操作步骤，关键的区别是 mv-QCA 允许多值变量，因此能够大幅度地降低矛盾组态的数量，拓展 QCA 的应用范围。但 mv-QCA 与 cs-QCA 均无法处理在程度或水平上不断变化的变量，因为这些变量不能简单地赋值为 0 或 1 或者其他的数值。fs-QCA 为解决这一问题提供了良好的思路。

fs-QCA 可以通过对所搜集的原始数据进行校准，将其转化为数值介于 0 到 1 之间的模糊集隶属度，实现对各变量赋值的细化，从而更为精准地表示条件变量以及结果变量。因此，模糊集校准是一个十分关键的步骤，需要设置好校准所需的锚点，通常情况下会设置 3 个校准锚点，即完全隶属点（1）、完全不隶属点（0）以及交叉点（0.5）。锚点值需要结合数据的具体情况以及实践或理论基础进行确定。fs-QCA 在原理以及操作步骤上与 cs-QCA 大体一致，确定好锚点之后借助相应软件进行原始数据的校准，从而形成真值表，并进行下一步的分析。fs-QCA 较好地解决了变量赋值的问题，其适用范围更广，能够处理程度变化以及部分隶属的问题，更适用于本书的研究。因此，本书选用 fs-QCA 作为研究方法，所使用的软件主要为 fs-QCA3.0。

在 fs-QCA 的必要条件分析中，计算结果的可靠性主要由一致性（consistency）和覆盖率（coverage）两个指标构成。如果解释变量或者变量组合 X 是结果变量 Y 的充分条件，则 X 的最终值应该小于或者等于 Y，求一致性的公式为：

$$Consistency(X_i \leqslant Y_i) = \sum(min(X_i, Y_i))/\sum X_i$$

其中：min 指两者中的较小值；X_i 指在条件组合中的隶属分数；Y_i 指在结果中的隶属分数。当所有的 X_i 均小于或等于相对应的 Y_i 值时，一致性分数为 1.00；若只有少数 X_i 略微超过 Y_i，一致性接近 1.00；若有较多不一致分数，且一些 X_i 值显著超过相应的 Y_i 值，一致性下降到低于 0.5。一般当一致性得分大于 0.9 时，说明 X 是 Y 的必要条件，即当 X 存在时，Y 一定存在。

除了需要考虑一致性数值，还需要计算覆盖率指标，其计算公式如下：

$$Coverage(X_i \leqslant Y_i) = \sum(X_i, Y_i)/\sum Y_i$$

覆盖率表示该变量或者不同变量所组成的组态在结果变量上的覆盖程度。覆盖率值越大，表明 X 在 Y 上的覆盖度越大，即该变量或变量组态对结果的解释力度越强。需要注意的是，在评估覆盖率之前必须先确定集合论的一致性，这样才能使得一致性和覆盖率的评估结果有意义。

4.2.2 数据来源与变量说明

（1）数据来源

本书选取了 30 家海洋工程装备制造企业为案例样本展开研究。之所以选择海洋工程装备制造企业，是因为该类企业是我国海洋战略性新兴企业的重要组成部分，是"十四五"时期的重点发展领域，也是实施海洋强国战略的重要基础和支撑。从《中华人民共和国国民经济和社会发展第十一个五年规划纲要》到《中华人民共和国国民经济和社会发展第十四个五年规划和 2035 年远景目标纲要》，海洋工程装备制造业始终是国家重点发展的新兴产业。近年来，国务院、工信部等部门陆续印发了《中国制造

2025》等政策，支持海洋工程装备制造行业的发展，重点关注核心技术突破、主要产品发展等方面。

考虑到上市企业数据披露较为全面且具有一定的行业代表性，因此，本研究具体参照《海洋及相关产业分类（GB/T 20794—2021）》中对海洋工程装备制造业的说明，从 A 股上市企业中筛选出海洋工程装备制造上市企业，而后根据年报中研究数据是否完整的标准，最终获取 30 家符合条件的上市企业，并以此作为研究样本（各上市企业基本情况如表 4-1 所示）。由于本书所使用的数据均为 2017 年数据，各类型环境规制所需数据具体来源于各上市公司年报，以及《中国统计年鉴》《中国环境统计年鉴》《中国环境年鉴》和国泰安数据库等。

表4-1 　　　　　　　　　　**企业基本情况**

企业简称	名称缩写	所在地区	企业性质
海默科技	HMKJ	甘肃	民营企业
大连重工	DLZG	辽宁	国有企业
海兰信	HLX	北京	民营企业
中国重工	ZGZG	北京	国有企业
宝德股份	BDGF	陕西	民营企业
海油工程	HYGC	天津	国有企业
博迈科	BMK	天津	民营企业
石化机械	SHJX	湖北	国有企业
神开股份	SKGF	上海	民营企业
天沃科技	TWKJ	上海	民营企业
天海防务	THFW	上海	民营企业

续表

企业简称	名称缩写	所在地区	企业性质
中船科技	ZCKJ	上海	国有企业
中国船舶	ZGCB	上海	国有企业
振华重工	ZHZG	上海	民营企业
中曼石油	ZMSY	上海	民营企业
久立特材	JLTC	浙江	民营企业
美都能源	MDNY	浙江	民营企业
杭齿前进	HCQJ	浙江	民营企业
杰瑞股份	JRGF	山东	民营企业
山东墨龙	SDML	山东	民营企业
汇金通	HJT	山东	民营企业
中集集团	ZJJT	广东	民营企业
南山控股	NSKG	广东	国有企业
中船防务	ZCFW	广东	民营企业
中核科技	ZHKJ	江苏	国有企业
润邦股份	RBGF	江苏	民营企业
华宏科技	HHKJ	江苏	民营企业
富瑞特装	FRTZ	江苏	民营企业
中天科技	ZTKJ	江苏	民营企业
亚星锚链	YXML	江苏	民营企业

（2）变量测量

技术创新（technological innovation，TI）为本研究的结果变

量。现有文献中，使用专利数量对企业技术创新绩效进行衡量是较为普遍的一种方法，能够客观反映企业原始创新的能力。因此，本书采用专利授权量作为技术创新绩效的衡量标准。

命令控制型环境规制（command and control environmental regulation，CCER）能够反映政府对于污染治理的重视程度。政府重视程度越高，对于环境污染治理的投入就越高。因此，本书选用地方政府环境污染治理投资占 GDP 的比重来衡量命令控制型环境规制强度。

市场激励型环境规制（market-incentive environmental regulation，MIER）的重要工具之一是地方政府给予企业一定的财政补贴。本书选用海洋工程装备制造企业所获得的政府补助来衡量市场激励型环境规制的强度。为方便计量，政府补助金额以千元为单位。

自愿型环境规制（voluntary environmental regulation，VER）可以用企业环保投资额、是否进行 ISO 14001 环境管理体系认证等指标进行衡量。由于多家上市企业并未披露其企业环保投资额这一数据，因此，本书根据海洋工程装备制造企业是否通过 ISO 14001 环境管理体系认证来衡量自愿型环境规制的强度，并采用二分赋值法进行量化，即若企业通过认证，赋值为1；否则，赋值为0。

隐性环境规制（recessive environmental regulation，RER）是社会公众环保意识的集中体现。公众的受教育程度越高，收入水平越高，就越追求高质量生活，环保意识就越强烈；同时，年轻人越多，人口密度越大，公众就越重视环境质量。因此，本书借鉴夏后学等（2017）的衡量方法，选取受教育程度、年龄结构、收入水平以及人口密度4个指标综合衡量隐性环境规制强度。其中，受教育程度采用各地区大专及以上学历人口所占比例来衡量，年龄结构采用各地区15岁以下人口所占比例来衡量，收入水平采用各地区城镇在岗职工平均工资来衡量，人口密度则由各地区人口总数占各地区总面积的比例来衡量。为将上述各指标进行统一以综合衡量隐性环境规制强度，本书将各地区工业总值占全国工业总值的比值作为权重系数，各指标分别与该系数相乘后加和再取平均，最终得到相应地区的隐性环境规制强度。具体计算方法如下：

$$RER_i = \frac{1}{4} \sum_{m=1}^{4} w_i \times I_m$$

其中：RER_i 为 i 地区的隐性环境规制强度；w_i 为 i 地区的权重系数；I_m 为选取的4个指标。

（3）描述性统计分析

各变量描述性统计分析见表4-2。具体而言，技术创新绩效最小值为4，最大值为459，表明不同企业的技术创新绩效存在较大差异。此外，命令控制型环境规制、市场激励型环境规制以及隐性环境规制3个指标在各企业间也表现出较大的差异，这为接下来探讨不同类型环境规制组态对海洋工程装备制造企业技术创新的影响提供了解释空间。

表4-2　　　　　　　　各变量描述性统计分析

变量	均值	标准差	中位数	最大值	最小值
CCER	1.33	0.71	1.19	3.53	0.38
MIER	65 179.37	110 593.12	16 893	472 626	1 571
VER	—	—	1	1	0
RER	623.72	565.40	457.06	2 281.75	41.76
TI	96	121	41	459	4

4.2.3 变量的校准

在完成原始数据搜集后，对各变量进行校准是模糊集定性比较分析至关重要的环节。只有通过校准，才能将原始数据转换为模糊隶属值，以进行下一步的分析。具体需要设置3个锚点，即完全隶属、交叉点以及完全不隶属点完成校准。锚点应根据具体情况以及数据的特点等进行设定。本书各变量的锚点选择如表4-3所示，其中CCER、MIER以及RER 3个变量均采用百分之九十分位数作为完全隶属点，中位数作为交叉点，百分之十分位数作为完全不隶属点；由于VER属于二分赋值，无须再进行校准，因此不在表中。而结果变量TIP数据分布相对集中于300以下，因此，选用上四分位数作为完全隶属点，中位数为交叉点，百分之十分位数为完全不隶属点。

表4-3 变量的校准锚点

变　量		完全隶属点	交叉点	完全不隶属点
条件变量	CCER	2.38	1.19	0.6
	MIER	188 668.8	16 893	5 629.3
	RER	1 348.89	457.06	83.11
结果变量	TIP	108	41	8

4.3 实证分析

4.3.1 必要条件分析

在进行最终组态分析之前需要对各变量进行必要条件分析，

以此来检验各单一变量对结果的解释程度。一个必要条件可以被
视为结果的超集，即必要条件的存在一定会导致结果的出现，因
此，应在进行真值表分析时予以剔除。一般通过变量的一致性数
值来衡量是否是必要条件。若一致性数值大于0.9，表明该变量
是构成结果的必要条件。具体分析结果见表4-4。各变量的一致
性数值均低于0.9，表明单个因素均不能导致结果的产生，这意
味着需要考察条件组态对企业技术创新绩效的影响。

表4-4　　　　　　　　各变量必要性分析结果

变　量	高技术创新绩效	非高技术创新绩效
CCER	0.278	0.364
~CCER	0.874	0.789
MIER	0.637	0.469
~MIER	0.567	0.736
VER	0.610	0.656
~VER	0.390	0.344
RER	0.872	0.872
~RER	0.228	0.229

注："~"表示逻辑运算的"非"，即条件不存在。

4.3.2　条件组态分析

为确保条件组态的充分性，本书将各组态一致性阈值设置为
Ragin所建议的最小阈值0.75；同时，考虑到案例频数的设定要
保留观察案例的75%以上以及本研究仅有30个案例的实际情

况，故将案例频数设置为1。另外，为降低可能的矛盾组态，将PRI（proportional reduction in inconsistency）设置为0.75。最终运用fs-QCA3.0软件分析得出3种类型的解：复杂解、中间解以及简约解。由于复杂解未纳入逻辑余项，即未考虑到未被观察的案例，具有一定的片面性，所以通常只对简约解与中间解进行分析。若一个变量同时出现在简约解与中间解中，则为核心条件；若只出现在中间解中，则为边缘条件。最终结果见表4-5。

表4-5   产生高、非高技术创新绩效的环境规制组态

条件变量	高技术创新绩效		非高技术创新绩效	
	组态一	组态二	组态三	组态四
CCER	⊕	⊕	⊕	●
MIER	●	●	⊕	
VER	●	⊕	●	●
RER	⊕	●	⊕	●
一致性	0.778	0.785	0.798	0.841
原始覆盖率	0.144	0.182	0.140	0.223
唯一覆盖率	0.144	0.182	0.079	0.168
总一致性	0.781		0.832	
总覆盖率	0.326		0.309	

注："●"表示核心条件存在，"⊕"表示核心条件不存在，"●"表示边缘条件存在，"⊕"表示边缘条件不存在，空白表示该条件可存在，也可不存在。

由表4-5可知，存在两种产生高技术创新绩效的环境规制组态（组态一、组态二）以及两种产生非高技术创新绩效的环境规制组态（组态三、组态四）。一致性表示单个组态解或者组态解整体在多大程度上是结果的子集，表中各组态解的一致性以及总一致性均高于0.75，说明各组态均为结果的充分条件。覆盖率则表示组态解对结果的解释程度，具体分为原始覆盖率、唯一覆盖率以及总覆盖率。其中，原始覆盖率表示给定组态对结果的解释程度，包含组态间重叠解释部分的覆盖率。唯一覆盖率指刨除与其他组态共同部分后，单个组态解释结果的程度，其数值会相对较低。总覆盖率则为组态解整体上对于结果的解释程度。表中各组态解的原始覆盖率均高于10%，且总覆盖率高于30%，说明各组态对结果具有一定的解释力度。

（1）产生高技术创新绩效的环境规制组态

组态一：MIER * ~RER * ~CCER * VER。该组态由核心条件强市场激励型环境规制和非强隐性环境规制，以及边缘条件非强命令控制型环境规制和强自愿型环境规制组成，其中，核心条件发挥主要作用，而边缘条件发挥辅助作用。政府通过高额财政补贴这一强市场激励型环境规制工具支持海洋工程装备制造企业技术创新，非强隐性环境规制与非强命令型环境规制减轻了海洋工程装备制造企业的环保压力；同时，强自愿型环境规制对海洋工程装备制造企业技术创新绩效的提升起到很好的辅助作用。据此，本书认为：面对较为宽松的命令控制型环境规制与较弱的公众监督，具有强环保主动性的海洋工程装备制造企业能够在高额政府补助的激励下取得高技术创新绩效。

组态二：MIER * ~CCER * ~VER * RER。该组态由核心条件强市场激励型环境规制、非强命令控制型环境规制和非强自愿型环境规制，以及边缘条件强隐性环境规制组成。值得注意的是，在此组态解中，强市场激励型环境规制以及非强命令控制型环规制均为核心条件，表明适度降低命令控制型环境规制强度将对海洋工程装备制造企业技术创新绩效的提升起到主要作用。强隐性环境规制在一定程度上弥补了自愿型环境规制较弱的不足，对海洋工程装备制造企业技术创新绩效的提升起到辅助作用。因此，本书认为：面对社会公众的有力监督，缺乏环保主动性的海洋工程装备制造企业能够在较为宽松的命令控制型环境规制以及高额政府补助的作用下取得高技术创新绩效。

（2）产生非高技术创新绩效的环境规制组态

组态三：~MIER＊~RER＊~CCER＊VER。该组态由核心条件非强市场激励型环境规制和非强隐性环境规制，以及边缘条件非强命令控制型环境规制和强自愿型环境规制组成。非强市场激励型环境规制意味着政府无法为企业提供有力的财政支持。非强隐性环境规制意味着公众无法为企业主动承担环保责任提供有力的公众支持，加之较为宽松的行政规制环境，最终导致了较低技术创新绩效的结果。可见，缺少政府主导以及公众参与，仅依靠海洋工程装备制造企业自身的环保意识与行动，难以实现高技术创新绩效。

组态四：CCER＊VER＊RER。该组态由核心条件强命令控制型环境规制、强自愿型环境规制，以及边缘条件强隐性环境规制组成。该组态解表明，无论政府是否为企业提供财政支持，3个均表现为高强度的环境规制类型组合增加了企业的环保压力与环保成本，导致企业技术创新动力不足。因此，面对高强度的命令控制型环境规制以及社会监督，具有强环保主动性的海洋工程装备制造企业难以取得高技术创新绩效。

4.3.3　稳健性检验

针对 QCA 研究结果的稳健性检验，学者们已提出了两种不同类型的检验方法：一种是集合论特定的稳健性检验方法，主要包括改变校准时所选择的阈值、调整组态分析时一致性的门槛值、改变案例频数、增加或减少案例等途径；另一种是统计论特定的稳健性检验方法，主要包括调整变量的衡量方式、采用其他渠道搜集数据、改变搜集数据的时间跨度等手段。由于定性比较分析是以集合论为基础进行的研究，对于其结果的稳健性检验应优先选择集合论特定的方法，因此，本研究选择通过改变一致性门槛值来进行结果的稳健性检验，具体操作为将一致性阈值由0.75调整至0.78。判断基于集合论特定的方法所得到的结果是否稳健可以通过两个标准进行衡量：

一是拟合参数差异，即采用稳健性检验方法后产生的组态解的一致性与覆盖度的细微变化差异不足以保证有意义且不同的实质性解释，那么可以认为研究结果是稳健的；反之，则不稳健。

二是集合关系状态，即采用不同的稳健性检验方法后得到的组态解之间具有清晰的子集关系，则表明研究结果稳健；反之，则不稳健。

通过将稳健性检验结果与原分析结果比较可以发现：在集合关系状态方面，海洋工程装备制造企业高程度技术创新与非高程度技术创新的组态解构型并未发生改变，可以将调整一致性阈值后得到的组态解看作原有分析结果的子集。在拟合参数差异方面，组态解的总覆盖度未发生变化，但在整体一致性方面发生了细微改变，高程度技术创新组态解的总一致性由0.781变为0.754，非高程度技术创新组态解的总一致性由0.832变为0.867；虽然一致性发生变化，但并未产生实质性解释。因此，可以认为海洋工程装备制造企业高技术创新投入的组态解以及非高技术创新投入的组态解均为稳健结果。

4.4 结果讨论

4.4.1 组态解的解释案例

图4-2展示了高技术创新绩效组态解的解释案例。组态一的典型案例为海油工程，地处天津市，公司主营业务包括海洋工程的设计、建造和安装等，总部位于天津市，2017年专利授权量为308项。当地政府不断完善环境规制体系，采用多样化的环境规制工具，弱化传统的行政命令，充分利用市场化平台和金融手段，支持企业生产技术改造与升级。同时，公司明确将节能减排纳入企业社会责任，持续构建完善的QHSE管理体系。当地居民较低的监督力度也给予了企业一定的环保自主性，各因素共同作用使企业取得了较高的技术创新绩效。组态二的解释案例为位于深圳市的中集集团，主营业务包括海洋工程、空港设备、集装箱等，专利授权量为244项。所处地区有着高度的市场化环境，地方政府财政充足，坚持市场在资源配置中的决定性作用，环境规制体现为强市场激励型、非强命令控制型。2017年，在30家海洋工程装备制造企业中，中集集团获取财政补贴金额排在首位。同时，公众较强的环保意识是构成高技术创新绩效的条件。

图4-3展示了非高技术创新绩效的解释案例。组态三的代表案例为海默科技，是一家从事陆地、海洋平台、水下等油田技术服务与油气勘探开发的企业，位于兰州市。由于该地区相对落后，区域发展战略在追逐经济效益与环境效益的博弈中更倾向前者，地方政府财力不足，难以完成大规模的环境污染治理投资，能够给予企业的财政补助也相对不足。此外，公众环保意识相对薄弱。在此情境下，虽然企业通过了ISO 14001体系、职业健康安全管理体系等认证，但依然未能取得高技术创新绩效。组态四

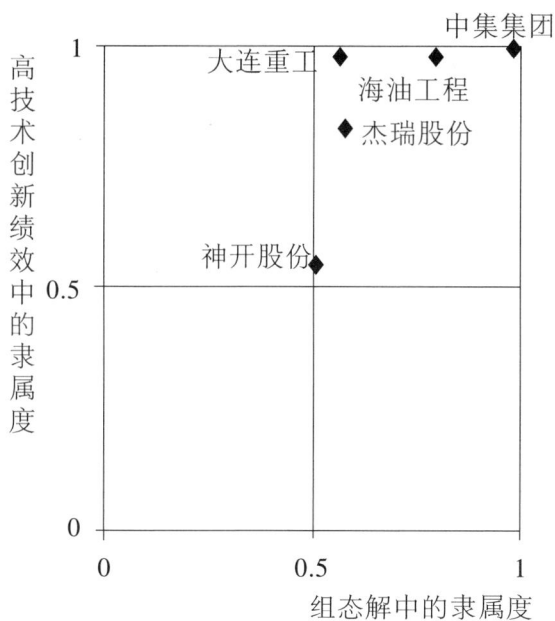

图4-2　高技术创新绩效解释案例

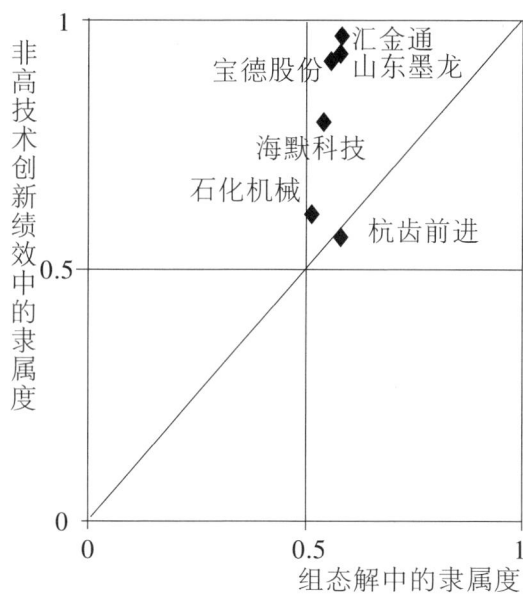

图4-3　非高技术创新绩效解释案例

的典型案例为汇金通，主要产品为输电线路铁塔和海洋工程装备，位于青岛市。当地政府主要采用行政命令手段治理环境，颁布了一系列污染防治与处罚的行政法规和部门规章，并不断增加地区环境污染治理投入，社会公众也发挥较强的环保监督作用，这给企业造成了较大的环保压力。同时，企业自身高额的环保投入导致了非高技术创新绩效的产生。

通过观察以上4种环境规制组态解，我们可以发现原因变量与结果变量之间的非对称性特征，即产生高技术创新绩效的组态并不是产生非高技术创新绩效组态的反向。因此，若要实现高技术创新绩效，不应简单地进行环境规制强度的反向调整，而应加以综合考量。

4.4.2 条件间的潜在关系分析

通过条件组态分析，我们已经明晰了产生高技术创新绩效以及非高技术创新绩效的组态解，虽然各变量无法单独导致结果的产生，但通过各组态解之间的横向比较，可以更好地理解条件间的潜在关系。

第一，自愿型环境规制与隐性环境规制间具有潜在的替代关系。通过比较分析组态一与组态二可以发现，在强市场激励型环境规制以及非强命令控制型环境规制同时存在的情况下，自愿型环境规制以及隐性环境规制不能共同存在于构型中，但两者中存在任意一个均能产生高技术创新绩效。这表明在一定的条件下，两者具有替代关系，具体如图4-4所示。

借助fs-QCA3.0软件中的"fuzzy or"运算发现，新前因条件集的一致性与覆盖率结果大于原有结果，证明该替代关系存在（见表4-6）。

非强命令控制型+强市场激励型

| 自愿型 | $\longleftrightarrow$ | 隐性 |

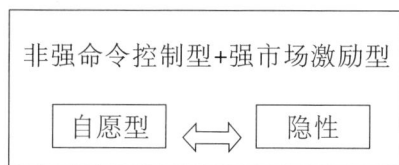

图4-4　自愿型与隐性环境规制间的潜在替代关系

表4-6　　　　　　　　　　　**替代关系分析结果**

潜在替代关系 分析	分析结果 （一致性，覆盖率）	原有结果 （一致性，覆盖率）	结论
自愿型和隐性 环境规制	（0.96，0.51）	（0.61，0.48）	潜在替代 关系存在

　　第二，强市场激励型环境规制对海洋工程装备制造企业高技术创新绩效的产生具有主导作用，强命令控制型环境规制则具有一定程度的抑制作用。条件组态分析结果表明，产生高技术创新绩效的组态一与组态二均存在核心条件强市场激励型环境规制，而导致非高技术创新绩效的组态三中存在核心条件非强市场激励型环境规制，组态四则与市场激励型环境规制没有关系。由此，本书推断强市场激励型环境规制对海洋工程装备制造企业技术创新起到了主导作用；同时，组态一与组态二中均存在非强命令控制型环境规制，但在非高技术创新绩效的组态解中，组态三存在非强命令控制型环境规制，组态四则存在强命令控制型环境规制。因此，本书认为，尽管强命令控制型环境规制是导致非高海洋工程装备制造企业技术创新绩效的条件，但降低其强度并不一定有助于高技术创新绩效的产生。

4.5　本章小结

本章从组态视角出发，将各类环境规制以及海洋战略性新兴企业技术创新纳入同一研究框架，构建研究模型。以30家海洋工程装备制造业上市企业为案例研究样本，运用模糊集定性比较分析方法，探究环境规制对海洋战略性新兴企业技术创新影响的组态特征。研究发现：命令控制型、市场激励型、自愿型以及隐性环境规制均无法单独成为海洋工程装备制造企业技术创新的必要条件。

产生高程度技术创新的环境规制组态有两个：

一是由强市场激励型环境规制、非强隐性环境规制、非强命令控制型环境规制以及强自愿型环境规制构成。

二是由强市场激励型环境规制、非强命令控制型环境规制、非强自愿型环境规制以及强隐性环境规制构成。

产生非高技术创新绩效的环境规制组态也有两个：

一是由非强市场激励型环境规制、非强隐性环境规制、非强命令控制型环境规制以及强自愿型环境规制构成。

二是由强命令控制型环境规制、强自愿型环境规制以及强隐性环境规制构成；在强市场激励型环境规制与非强命令控制型环境规制同时存在的情况下，自愿型环境规制与隐性环境规制之间存在潜在的替代关系；强市场激励型环境规制对海洋工程装备制造企业高技术创新绩效的产生具有主导作用，而强命令控制型环境规制具有一定的抑制作用。

第5章 基于环境规制的海洋战略性新兴企业技术创新策略

5.1 构建环境规制体系

5.1.1 协调优化各类环境规制政策

不同的环境规制政策对海洋战略性新兴企业技术创新的影响效果有所差异，因此，要求政策制定者注重政策协同效应，采取合理适宜的方式，最大限度激励企业开展技术创新活动（张倩和曲世友，2013）。命令控制型环境规制聚焦于制定统一的标准，具有一定的强制性，因而对企业技术创新的促进作用有限。市场激励型环境规制借助市场信号发挥效用，虽然税收优惠、排污收费和财政补贴等市场激励型环境规制已凸显出明显的技术创新优势，但税收优惠落实难、排污费不合理、补贴效率低等问题的存在致使市场激励型环境规制的促进效果发挥不完全。因此，在未来一段时间内，在持续提高命令控制型环境规制政策实施效果的同时，应加速向柔性的市场激励型环境规制方式转变，强化环境管理、提高技术管理水平及健全市场平台的建设。此外，应创造条件鼓励环境认证申请、环境信息公开等自愿型环境规制政策的执行，更应该提供知识共享平台推动社会公众环保意识、理念转变等隐性环境规制的实施，进一步健全环境规制政策体系，赋予企业更灵活的空间，激发企业保护环境的积极性，实施以企业为主的"源头治理"，提升企业技术创新的主动性。

5.1.2 实施差异化环境规制政策

我国环境规制政策的制定应与经济状况相匹配。虽然环境规制政策具备一定的规范性，但地区差异的存在使得环境规制政策法规不可"一刀切"，应考虑各地区实际调整，因地制宜地健全环境规制体系，细化环境规制标准（时乐乐和赵军，2018）。自然生态污染较为严重的地区可重点实施命令控制型环境规制政策，以降低海洋战略性新兴企业污染源排放的强度；环境污染较轻的地区可灵活运用环保"税"等市场激励型环境规制政策，以增强海洋战略性新兴企业的治污能力。对于经济较为发达的东部地区，随着企业和社会公众的环保意识不断提升，部分污染严重的行业正逐步进行转移，绿色产业所占比重不断上升。因此，政府可适度减轻命令控制型和市场激励型环境规制的强度，增加对自愿型环境规制和隐性环境规制工具的采用，增强企业的环境治理主动权，提升企业创新的积极性；但同时应强化政府、公众及媒体的监督，以预防机会主义的发生。而针对经济发展较为落后的中西部地区，经济才是其发展的第一要务，此时，环境规制弹性系数比其他区域低，环境规制强度应逐步增加。此外，各区域间的环境规制政策应协调配合，兼顾灵活性和稳定性，避免因环境管理标准的不一致和政策执行的不统一造成区域间"污染转移"现象的发生。

5.1.3 适度调整环境规制强度

环境规制政策对海洋战略性新兴企业技术创新的影响不仅受环境规制类别的影响，也与环境规制政策执行力度有关（张倩，2015）。环境规制政策强度需同特定环境相匹配，才能最大限度促进海洋战略性新兴企业的技术创新活动；但目前我国环境规制强度与技术创新类型、经济水平和环境污染程度等条件的结合水平还需进一步完善。对于环境规制强度过低的情况应合理强化，以激励海洋战略性新兴企业突破技术创新"阈值"。但应切记，环境规制对海洋战略性新兴企业技术创新效果的影响存在"度"的约束，不可盲目过度提高环境规制水平；对于环境规制强度过高的情况应合理降低，确保海洋战略性新兴企业的规制成本不突破其承载极限。总之，环境规制强度需根据环境条件的改变及时进行调整，吸引更多海洋战略性新兴企业采取自愿型环境规制和隐性环境规制战略，以持续创新应对环境管理制度。

5.1.4 健全环境规制政策评价制度

环境规制评价制度的建立有助于规制效率的提高和环境保护能力的增强。我国虽已建立《中华人民共和国环境影响评价法》，但在资源储备、法律保障和公众参与等方面的不足，使得各项环境规制政策的影响评价有待进一步完善。

首先，制定环境规制影响评价的专项制度（易志斌，2010）。应当参照环评制度建立过程，加速开展环境规制影响评价的立法流程，对环境规制的制定程序、作用范围、执行方式和奖惩形式进行明确规定，以保障各项环境规制的合法性和规范性。

其次，构建环境规制影响评价体系。确定评价指标、评价形式及方式，不断提升环境规制影响评价体系的可行性和有效性。与此同时，加速建设环境规制影响评价的信息储备库和专家可选库，注重评价专业人才的培养。

最后，不断增强社会公众的参与度。确保公众参与环境规制评价的全进程，深化环境规制相关信息的及时发布和公开，为社会公众参与提供制度保障，最大程度增强环境规制最终成效。

5.2 完善命令控制型环境规制

5.2.1 加强部门合作，协同推进职责划分

当前，我国环境保护部门之间存在职能重叠、职责不明确等问题，严重影响环境规制的制定与实施。因此，为了提升环境规制的作用效果，应建立职责明确的生态环境治理体系。

首先，要明确不同部门的职责范围，尽可能避免交叉管理，做到分工明确，边界清晰。

其次，要明确主次责任，对于涉及多个部门的事项，按照"谁主管谁负责"的原则分配责任，确保主管部门承担主要责任，其他部门提供配合支持，防止权责不明、责任脱节的情况发生。

最后，建立高效协同的工作机制。针对需要多个部门合作的管理事项，建立主管部门牵头的协调机制。

5.2.2 完善环境法律和法规

首先，加强对现有环境法律、法规的研究和修订工作。需要全面考虑技术创新的特点和环境保护的需要，及时进行修订和改进，确保法律、法规具有针对性和可操作性，以适应实践中出现

的新问题和新情况。

其次，海洋新兴产业领域技术创新发展总体上仍处于起步阶段，对核心技术发展方向仍处于不断探索之中，因此，需要借鉴和吸收国际先进经验，进而制定出一套符合我国国情、与我国生态发展相适应的环境规制理念，完善现存与生态环境保护相关的法律、法规。同时，政府部门应积极参与国际环保合作与交流，了解和学习国际先进的环境法律制度建设经验。

5.2.3　加大监督力度，建立健全环境监察体系

加强对企业环境污染行为的监测检查，对违法违规行为依规处罚，是命令控制型环境规制有效实施的有力保障。

首先，加强环境监督机制建设。政府部门应建立健全环境监察体系，确保监督工作的全面覆盖和有效实施；同时，可以利用先进的监测手段和技术手段，改善监察的精准度和效果。

其次，建立违法行为黑名单制度。对严重违法的企业进行公示和限制，增加其承担的风险和成本。

最后，加强环境数据公开。应通过建立统一的环境数据平台，向公众提供准确、全面的环境信息，促使企业自觉遵守环保法律、法规，推动技术创新和环境改善。

5.3　优化市场激励型环境规制

5.3.1　完善环保税体系

我国现行的环保税征收范围较窄。按照现行办法，仅向直接排污的企业征收，对于向污染处理场所排污的企业不征环保税，而且按照污染当量数从大到小排序，仅对大气污染物的前三项、第一类水污染物的前五项等项目征税，排在后面的污染物不征

税。虽然各省可以自行增加应税污染物项目数，但实际操作中很少有省份这样做。如此做法无法将排污成本完全内部化，并不利于企业的节能减排。因此，扩大环保税征收范围势在必行，在征收税率上也应进行差异化的设计，按照污染处理的边际成本设置税率，更好地约束企业的生产行为，进而"倒逼"企业技术创新。

5.3.2　完善排污权交易市场

充分发挥市场对环境污染治理的作用，持续推进排污权有偿使用与交易。

首先，要明确界定排污权产权主体，根据排污权有偿使用、交易制度的实施效果以及企业实际情况完善制度标准，建立规范的环境权益交易市场。

其次，排污权交易制度能否发挥作用的关键因素是交易成本，排污权交易的行业范围、市场范围直接影响到交易成本；同时对跨区、跨行业交易的限制减少了市场流动性，会影响到交易成本。因此，排污权交易应逐步允许跨区、跨行业和跨期交易，扩大市场交易范围，降低市场准入门槛，允许更多的企业和个人投资者参与交易，增强市场的流动性，降低交易成本。

最后，在分配机制上可以考虑取消分配"双轨制"，将企业排放绩效作为初始排放额的分配依据，排放绩效高的多分配；反之，则少分配。在价格形成机制方面，需要控制权的顶层设计，避免出现"合谋"导致的价格低估，进而削弱交易机制的约束力。

5.3.3　完善补贴方式

调整政府补助方式、补助力度，增强政府补助的灵活性和有效性。

首先，由原来的"事前补贴"调整为"事前+事后同时补贴"，即补助与否及额度大小不仅依据事前评估，更要依据技术创新绩效。同时，完善政府补助的管理制度，加强对政府补助资金流向和使用情况的监管。

其次，由原来的"单一形式补贴"（如直接注入资金或税收减免等）调整为"多种补贴形式相组合"（如环保技术补贴、税收减免、直接注入资金等形式相结合，多管齐下），减少直接性补贴资金的发放，综合采用市场手段、间接性行政手段、技术支持等方式支持海洋战略性新兴企业技术创新。

最后，政府应充分考虑企业的异质性以及所处的生命周期，灵活运用并调整政府补助力度；同时，应实施建立第三方担保机制以及信用评级机制等措施，来缓解非国有的小规模海洋战略性新兴企业的融资约束，拓宽融资渠道，降低融资成本，激励非国有、小规模海洋战略性新兴企业的技术创新活力。

5.4 支持自愿型环境规制

5.4.1 规范自愿型环境规制的认证制度

自愿型环境规制在我国最普遍的应用便是 ISO 14001 环保认证，认证机构是否能够合理且规范地运行决定了我国 ISO 14001 认证事业的国际声誉及形象。中国环境管理体系认证机构认可委员会（以下简称环认委）应加强对已获认可的认证机构的督察评价，对违反认可准则规定的组织机构进行严肃处理，定期评估认证机构内部管理情况、审核人员的构成、认证机构的公正性和独立性等各方面，及时向社会公众公布具体的评审结果，使得认证机构对自身认证行为负责。此外，为打破环境管理体系和质量管理体系的专业约束，环认委可发展培养一批能进行双重认证的审核人员和认证机构，降低认证费用，提高认证效率。

5.4.2 完善自愿型环境规制的信息披露质量

环境信息披露是海洋战略性新兴企业与其利益相关者进行沟通交流的主要工具，在政府、媒体、公众和相关投资者的关注下，企业的自愿型环境规制意识已逐渐觉醒，但披露评价体系的不完善致使企业当前的环境信息披露质量较低。认证机构可制定统一的自愿型环境信息披露制度规范，对企业披露信息的内容、方法进行标准化指导，规定企业将其披露结果单独成册进行独立发布，促进各行业良好环境信息披露风气的形成。此外，也可对已发布的环境信息报告进行抽查，若发现报告有虚假披露的情况，应对相应的企业和认证监管机构施以惩罚并公示，提高自愿型环境规制信息披露质量。

5.4.3 加强自愿型环境规制的激励制度

自愿型环境规制虽为政府、企业、第三方组织的共同治理模式，但不意味着政府在此范围内的责任让渡，政府有责任也有义务为企业的自愿型环境规制的开展提供配套。政府可增加对环保产业、环保技术和进行环保研究的海洋战略性新兴企业的投资，为企业的技术改造提供财政税收等政策上的优惠支持，如对进行自愿型环境规制的企业提供一定程度的环保补贴，减轻企业的环境治理负担，也可对其采取金融信贷倾斜政策，降低企业的贷款利率，降低企业的上市门槛（任胜钢等，2018）。

5.4.4 提升企业的自愿型环境规制意愿

海洋战略性新兴企业需认清环境治理和预防污染不是额外负担，更不是表面工作，而是企业出于长远利益考虑的战略规划

（秦颖和孙慧，2020）。企业需提高自身的环境保护意识，遵守环境管理法律、法规，不能局限于完成最低级的要求实施末端治理，而是追求实现更高层次的要求实施技术创新，改革生产制造流程和工序，淘汰老旧生产设备，为企业技术创新奠定基础。

一方面，增强环保认知。企业应将环境保护思维和可持续发展理念融入企业的发展策略中，构建绿色市场，引进绿色科技，研制绿色产品，设置专门的绿色机构，以承担环境管理事务，利用环保管控能力取得企业竞争优势。

另一方面，加强绿色管理。完善运营管理模式，力求将环保理念根植于企业生产制造中的每一个流程，完善内部奖惩制度，从源头上关注绿色产品的技术研发。关注消费者需求的改变，积极将消费者的环境偏好向企业商机进行转换，帮助企业配置环境资源，协调各部门发展绿色生产、绿色科技和绿色服务，同消费者建立密切关系。

5.5 培育隐性环境规制

5.5.1 加强对社会公众的环保教育

海洋战略性新兴企业生产方式在受政府政策影响的同时，还受到社会公众消费需求的影响。公众消费需求是企业利润的重要来源，培育公众的环保意识使其向绿色消费偏好转变是促进企业技术创新的重要手段。社会公众作为隐性环境规制的参与主体，通过加强对公众的宣传教育，进而最大限度提高隐性环境规制强度。政府可通过线上、线下等多种方式对社会公众开展环境治理的宣传教育活动，使公众意识到自然环境问题的重要性和自主保护环境的迫切性。

5.5.2 丰富社会公众参与环境治理的形式

当前，社会公众可通过环境信访、举报等直接方式和政协会议、人大代表提交环境管理议案等间接方式参与环境治理活动，形式不够灵活丰富。政府可增设公众参加环保活动的渠道，使社会公众参与环境治理的形式多样化，如借助问卷调查公众的真实意向、在各大媒体平台开设环境问题曝光专栏、媒体达人带头宣传推广环保活动、通过奖励激发公众督察企业环境管理行为的动力等。

5.5.3 通过环境信息公开机制降低公众参与成本

加强环境信息的公开程度是降低社会公众参与环境保护成本的重要途径。一方面，政府应拓宽环境信息公开公布的深度和广度，将环境标准、环境法规、环境政策、环境质量报告等信息通过网站平台、报纸等向公众予以披露，尤其是对环境违规事件的处理结果应及时公开，以增强社会公众的环保责任感。另一方面，海洋战略性新兴企业也应切实贯彻信息公开的法律、法规，及时披露企业的清洁生产与节能信息、排污情况等环境治理结果，降低公众参与环境监督的成本。

5.6 加强技术创新体制机制建设

5.6.1 强化技术创新奖励机制

政府部门可采用经济激励和社会激励方式激发企业的技术创新行为。一方面，通过增加研发补贴、治污技术投资和补贴，设立环保专项技术创新基金等方式，激励企业增大研发投入强度；对企业绿色产品适当减免增值税，增加企业引进高技术人员人才补贴，扩大企业研发费用税收减免范围。另一方面，可对实施技术创新的企业进行表彰，并根据年度技术创新产出总量，评选出年度技术创新最佳企业，利用政府、企业的官方网站等渠道对其创新产品进行宣传，提高企业知名度。

5.6.2　完善知识产权保护制度和专利交易市场

一方面，建立健全与知识产权相关的法律、法规。严厉打击侵权行为，在原有惩罚措施的基础上，政府可以对侵权企业实施诚信监控，如有多次侵权行为应强制停改或退市，对被侵权企业可以提供法律援助，维护企业合法权益，优化技术创新环境。另一方面，搭建技术创新成果展示和交易平台。创造良好的市场环境，对技术创新成果予以奖励和保护，对企业技术转让所得和专利转让所得适当进行税收减免，提高环保技术流动率。

5.6.3　优化技术创新体制机制

加强海洋科技创新顶层设计，加快制订出台海洋技术专项规划、政策，形成助推企业技术创新的长效机制，推动海洋企业向全球价值链的中高端攀升。建立集中、统一、高效的海洋创新综合管理体制，协调解决海洋科技创新中跨区域、跨部门的重大问题。当前，我国海洋战略性新兴企业正处于高速发展阶段，急需技术创新攻克关键核心技术和解决"卡脖子"等问题。因此，需要各相关部门通力合作，共同推进企业的技术创新发展。环保部门可与科技部门合作，共同推动生态环保领域技术创新战略研究。产业发展部门可与科技部门合作，通过资金支持和政策引导，推动科技成果的转化和应用。

5.7 本章小结

本章在前几章理论分析的基础上，分别从构建环境规制体系、完善命令控制型环境规制、优化市场激励型环境规制、支持自愿型环境规制、培育隐性环境规制以及加强科技创新体制机制建设等方面提出基于环境规制的海洋战略性新兴企业技术创新策略。

第6章 研究结论与展望

6.1 研究结论

海洋战略性新兴企业作为引领海洋经济发展的微观主体,其技术创新水平对于我国海洋强国建设进程起着至关重要的作用。然而,在环境规制强度不断增强的背景下,海洋战略性新兴企业如何实现"经济效益"和"环境效益"的共赢,并从源头上解决污染排放问题,具有重要的探讨价值。因此,本书根据2013—2019年我国海洋战略性新兴企业的面板数据,采用固定效应模型,检验环境规制对海洋战略性新兴企业技术创新的影响、政府补助对二者关系的调节作用以及异质性分析。在此基础上,本书进一步将环境规制划分为命令控制型、市场激励型、自愿型以及隐性环境规制,运用模糊集定性比较分析方法,探究环境规制对海洋战略性新兴企业技术创新影响的组态特征。最终，本书提出基于环境规制的海洋战略性新兴企业技术创新的策略。

通过对上述问题的研究，本书得出如下结论：

第一，环境规制强度与海洋战略性新兴企业技术创新之间存在显著的正相关关系，即现阶段我国环境规制强度促进了海洋战略性新兴企业技术创新。海洋战略性新兴企业作为影响海洋经济发展方向的微观主体，具有较强的前瞻性，在面对环境规制约束时能够主动进行技术创新，产生创新补偿效应，进而证实了波特假说在我国海洋经济领域的适用性。

第二，政府补助正向调节了环境规制与海洋战略性新兴企业技术创新之间的关系，即政府补助强化了环境规制对海洋战略性新兴企业技术创新的补偿效应。政府补助的加入，在一定程度上缓解了环境规制的规制成本效应，补充了海洋战略性新兴企业技术创新所需的资源；同时，政府补助的信号传递效应可以为其研发创新吸引更多的外部资本，进而提高了技术创新水平。

第三，政府补助对环境规制与海洋战略性新兴企业技术创新之间关系的调节效应存在明显差异。

首先，在产权异质性条件下，政府补助显著调节了环境规制与国有海洋战略性新兴企业技术创新之间的关系，而对环境规制与非国有海洋战略性新兴企业技术创新之间关系的调节效应不显著。

其次，在企业规模异质性条件下，政府补助显著调节了环境规制与大规模海洋战略性新兴企业技术创新之间的关系，而对环境规制与小规模海洋战略性新兴企业技术创新之间关系的调节效应不显著。

第四，命令控制型、市场激励型、自愿型以及隐性环境规制均无法单独成为海洋企业技术创新的必要条件。产生海洋企业高技术创新投入的组态解有三个：

首先，由强命令控制型环境规制、非强市场激励型环境规制以及非强自愿型环境规制构成；

其次，由非强命令控制型环境规制、强自愿型环境规制以及非强隐性环境规制构成；

最后，由强命令控制型环境规制、强市场激励型环境规制以及非强隐性环境规制构成。

第五，自愿型环境规制对企业技术创新具有重要作用，当自愿型环境规制强度较高时，海洋企业对于技术创新具有较高主动性，能够加大研发投入，从而进行企业的技术创新，进一步实现生产技术的进步以及对环境的保护。隐性环境规制对于海洋企业技术创新所起到的作用相对有限，仅依靠社会公众的环保舆论监督无法实现企业高技术创新投入，需要借助其他环境规制共同作用。

6.2 研究不足与展望

本书不可避免地存在一定的局限，需要在进一步研究中加以完善：

第一，研究中部分指标的衡量方式具有一定的片面性。例如，在回归分析中采用综合指标法对环境规制指标进行评价，略显主观，命令控制型、市场激励型等环境规制也只采用单一指标进行评价，在后续的研究中可根据环境规制工具的变化调整相应的衡量指标。

第二，企业进行技术创新决策，受内外部等多种因素共同影响，而本书只考虑了政府补助这一外部调节因素对环境规制与海洋战略性新兴企业技术创新之间关系的影响，未来研究可以进一步引入企业内部治理因素，系统分析企业内外部因素对环境规制与海洋战略性新兴企业技术创新之间关系的调节效应，进一步拓展研究领域。

第三，虽然本书聚焦于环境规制与海洋战略性新兴企业技术创新的关系，并选取了海洋企业的重要组成部分——海洋工程装备制造企业作为研究案例，但也忽略了针对其他类型海洋企业的深入分析，未来可对其他类型的海洋企业技术创新展开研究。

参考文献

[1] POVEDA A C, MARTINEZ C I P. Qualitative comparative analysis (QCA): An application for the industry [J]. Quality & Quantity, 2013, 47 (3): 1315-1321.

[2] BECKER R A. Local environmental regulation and plant-level productivity [J]. Ecological Economics, 2011, 70 (12): 2516-2522.

[3] ZSCHOCH M A. Configurational comparative methods: Qualitative comparative analysis (QCA) and related techniques [J]. Canadian Journal of Political Science-Revue Canadienne de Science Politique, 2011, 44 (3): 743-746.

[4] BLIND K. The influence of regulations on innovation: A quantitative assessment for OECD countries [J]. Research Policy, 2012, 41 (2): 391-400.

[5] BRECHET T, MEUNIER G. Are clean technology and environmental quality conflicting policy goals? [J]. CEEES

Paper Series, 2012, 38 (1): 61-83.

[6] CAO X, DENG M, SONG F, et al. Direct and moderating effects of environmental regulation intensity on enterprise technological innovation: The case of China [J]. PLoS ONE, 2019, 14 (10): e0223175.

[7] RAGIN C C. Set relations in social research: Evaluating their consistency and coverage [J]. Political Analysis, 2006, 14 (3): 291-310.

[8] CLARKSON P M, LI Y, PINNUCK M. The valuation relevance of greenhouse gas emissions under the European Union carbon emissions trading scheme [J]. European Accounting Review, 2015, 24 (3): 551-580 .

[9] CLEFF T, RENNINGS K. Determinants of environmental product and process innovation: Evidence from the Mannheim innovation panel and a follow-up telephone survey [C] // Innovation-oriented environmental regulation: Theoretical approaches and empirical analysis. Physica-Verlag HD, 2000: 331-347.

[10] DECHEZLEPRÊTRE A, NEUMAYER E, PERKINS R. Environmental regulation and the cross-border diffusion of new technology: Evidence from automobile patents [J] . Research Policy, 2015, 44 (1): 244-257.

[11] FISHER C, PARRY I W H, PIZER W A. Instrument choice for environmental protection technological innovation is endogenous [J] . Journal of Environmental Economics and Management, 2003, 45 (3): 523-545.

[12] FISS P C. Building better causal theories: A fuzzy set approach to typologies in organization research [J] . Academy of Management Journal, 2011, 54 (2): 393-420.

[13] FORD J A, STEEN J, VERREYNNE M. How environmental regulations affect innovation in the Australian oil and gas industry: Going beyond the Porter hypothesis [J]. Journal of Cleaner Production, 2014, 84 (1): 204-213.

[14] GRAY W B. The cost of regulation: OSHA, EPA and the productivity slowdown [J]. The American Economic Review, 1987, 77 (5): 998-1006.

[15] GRECKHAMER T, FURNARI S, FISS P C, et al. Studying configurations with qualitative comparative analysis: Best practices in strategy and organization research [J]. Strategic Organization, 2018, 16 (4): 482-495.

[16] GRECKHAMER T. CEO compensation in relation to worker compensation across countries: The configurational impact of country-level institutions [J]. Strategic Management Journal, 2016, 37 (4): 793-815.

[17] HAMAMOTO M. Environmental regulation and the productivity of Japanese manufacturing industries [J]. Resource and Energy Economics, 2006, 28 (4): 299-312.

[18] HEMMELSKAMP J, RENNINGS K, LEONE F. Innovation-oriented environmental regulation: Theoretical approaches and empirical analysis [M]. New York: Springer Science & Business Media, 2013.

[19] HILLE E, M BIUS P. Environmental policy, innovation and productivity growth: Controlling the effects of regulation and endo-geneity [J]. Environmental and Resource Economics, 2019, 73 (4): 1315-1355.

[20] JAFFE A B, NEWELL R G, STAVINS R N. Environmental policy and technological change [J]. Environmental and Resource Economics, 2002, 22 (1-2): 41-70.

［21］ JAFFE A B, PALMER K. Environmental regulation and innovation: A panel data study ［J］. Review of Economics & Statistics, 1997, 79 (4): 610-619.

［22］ JIANG Z, WANG Z, ZENG Y. Can voluntary environmental regulation promote corporate technological innovation? ［J］. Business Strategy and the Environment, 2020, 29 (2): 390-406.

［23］ JIANG Z, XU C, ZHOU J. Government environmental protection subsidies, environmental tax collection, and green innovation: Evidence from listed enterprises in China ［J］. Environmental Science and Pollution Research, 2023, 30 (2): 4627-4641.

［24］ KATHURIA V, STERNER T. Monitoring and enforcement: Is two-tier regulation robust? -A case study of Ankleshwar, India ［J］. Ecological Economics, 2006, 57 (3): 477-493.

［25］ KEMP R. Environmental policy and technical change: A comparison of the technological impact of policy instrument ［M］. Cheltenham: Edward Elgar Publishing, 1998.

［26］ KESIDOU E, DEMIREL P. On the drivers of eco-innovations: Empirical evidence from the UK ［J］. Research Policy, 2012, 41 (5): 862-870.

［27］ KIM M. Many roads lead to Rome: Implications of geographic scope as a source of isolating mechanisms ［J］. Journal of International Business Studies, 2013, 44 (9): 898-921.

［28］ KNELLER R, MANDERSON E. Environmental regulations and innovation activity in UK manufacturing industries ［J］. Resource & Energy Economics, 2012, 34 (2): 211-235.

［29］ KONG D, YANG X, XU J. Energy price and cost induced innovation: Evidence from China ［J］. Energy, 2020, 192:

116586.

[30] LANGPAP C, SHIMSHACK J P. Private citizen suits andpublic enforcement: Substitutes or complements? [J]. Journal of Environmental Economics and Management, 2010, 59 (3): 235-249.

[31] LI W, GU Y, LIU F, et al. The effect of command-and-control regulation on environmental technological innovation in China: A spatial econometric approach [J]. Environmental Science and Pollution Research, 2018, OI: 10.1007/s11356-018-3678-3.

[32] LI C. How does environmental regulation affect different approaches of technical progress? -Evidence from China's industrial sectors from 2005 to 2015 [J]. Journal of Cleaner Production, 2019, 209: 572-580.

[33] LIAO Z. Environmental policy instruments, environmental innovation and the reputation of enterprises [J]. Journal of Cleaner Production, 2018, 171: 1111-1117.

[34] GUO L, QU Y, TSENG M. The interaction effects of environmental regulation and technological innovation on regional green growth performance [J]. Journal of Cleaner Production, 2017, 162: 894-902.

[35] LIU J, ZHAO M, ZHANG C, et al. Analysis of the influence of heterogeneous environmental regulation on green technology innovation [J]. Sustainability, 2023, 15: 3649.

[36] LIU Z, SUN H. Assessing the impact of emissions trading scheme on low-carbon technological innovation: Evidence from China [J]. Environmental Impact Assessment Review, 2021, 89: 106589.

[37] MA H, LI L. Could environmental regulation promote the

technological innovation of China's emerging marine enterprises? Based on the moderating effect of government grants [J]. Environmental Research, 2021, 202: 111682.

[38] MA J, HU Q, WEI X. Impact of environmental regulation on coastal marine pollution: A case of coastal prefecture-level cities in China [J]. Frontiers in Marine Science, 2022, 9: 882010.

[39] MICKWITZ P, HYVÄTTINEN H, KIVIMAA P. The role of policy instruments in the innovation and diffusion of environmentally friendlier technologies: Popular claims versus case study experiences [J]. Journal of Cleaner Production, 2008, 16 (1): S162-S170.

[40] MORGAN S L. Redesigning social inquiry: Fuzzy sets and beyond [J]. Social Forces, 2010, 88 (4): 1934-1936.

[41] PAN X, AI B, LI C, et al. Dynamic relationship among environmental regulation, technological innovation and energy efficiency: Based on large scale provincial panel data in China [J]. Technological Forecasting and Social Change, 2019, 144 (C): 428-435.

[42] PARGAL S, WHEELER D. Informal regulation of industrial pollution in developing countries: Evidence from Indonesia [J]. Journal of Political Economy, 1996, 104 (6): 1314-1327.

[43] PORTER M E, DER LINDE C V. Toward a new conception of the environment-competitiveness relationship [J]. Journal of Economic Perspectives, 1995, 9 (4): 97-118.

[44] PRAKASH A, POTOSKI M. Voluntary environmental programs: A comparative perspective [J]. Journal of Policy Analysis & Management, 2011, 31 (1): 123-138.

[45] RAGIN C C. The comparative method: Moving beyond qualitative and quantitative strategies [M]. Berkeley: University of California Press, 2014.

[46] RAGIN C C. Redesigning social inquiry: Fuzzy sets and beyond [M]. Chicago: University of Chicago Press, 2009.

[47] RAMANATHAN R, BLACK A, NATH P, et al. Impact of environmental regulations on innovation and performance in the UK industrial sector [J]. Management Decision, 2010, 48 (10): 1493-1513.

[48] SCHMUTZLER A. Environmental regulations and managerial myopia [J]. Environmental and Resource Economics, 2001, 18 (1): 87-100.

[49] SCHNEIDER C Q, WAGEMANN C. Set-theoretic methods for the social sciences: A guide to qualitative comparative analysis [M]. New York: Cambridge University Press, 2012.

[50] SEN S. Corporate governance, environmental regulations, and technological change [J]. European Economic Review, 2015, 80: 36-61.

[51] SUN Y, SUN H. Executives' environmental awareness and eco-innovation: An attention-based view [J]. Sustainability, 2021, 13 (8): 4421.

[52] WALZ R, SCHLEICH J, RAGWITZ M. Regulation, innovation and wind power technologies: An empirical analysis for OECD countries [R]. DIME Working Paper, 2011: 11-4.

[53] WANG F, SUN Z, FENG H. Can media attention promote green innovation of Chinese enterprises? Regulatory effect of environmental regulation and green finance [J]. Sustainability, 2022, 14: 11091.

[54] WAGNER M. On the relationship between environmental

management, environmental innovation and patenting: Evidence from German manufacturing firms [J]. Research Policy, 2007, 36 (10): 1587-1602.

[55] WEITZMAN M L. Prices VS. quantities [J]. Review of Economic Studies, 1974, 41 (4): 477-491.

[56] YANG C-H, TSENG Y-H, CHEN C-P. Environmental regulations, induced R&D, and productivity: Evidence from Taiwan's manufacturing industries [J]. Resource & Energy Economics, 2012, 34 (4): 514-532.

[57] YOU D, ZHANG Y, YUAN B. Environmental regulation and firm eco-innovation: Evidence of moderating effects of fiscal decentralization and political competition from listed Chinese industrial companies [J]. Journal of Cleaner Production, 2019, 207: 1072-1083.

[58] YUAN B, REN S, CHEN X. Can environmental regulation promote the coordinated development of economy and environment in China's manufacturing industry? A panel data analysis of 28 sub-sectors [J]. Journal of Cleaner Production, 2017, 149: 11-24.

[59] 白福臣, 王广旭. 广东省重点海洋高新技术产业化的选择与培育研究 [J]. 资源开发与市场, 2011, 27 (10): 916-919; 896.

[60] 蔡乌赶, 李青青. 环境规制对企业生态技术创新的双重影响研究 [J]. 科研管理, 2019, 40 (10): 87-95.

[61] 曹慧平, 沙文兵. 公司治理对环境规制与技术创新关系的调节效应研究 [J]. 财经论丛, 2018 (1): 106-113.

[62] 曹翔, 苏馨儿. 碳排放权交易试点政策是否促进了碳中和技术创新? [J]. 中国人口·资源与环境, 2023, 33 (7): 94-104.

[63] 曹艳, 谢素美, 李宁, 等. 我国海洋战略性新兴产业研究综述 [J]. 海洋开发与管理, 2022, 39 (12): 53-59.

［64］ 陈芳．环境规制对全要素生产率的影响［D］．大连：大连海事大学，2021．

［65］ 陈苗．环境规制对中国经济绿色增长的影响研究［D］．长春：吉林大学，2022．

［66］ 陈平，罗艳．环境规制促进了我国碳排放公平性吗?——基于环境规制工具分类视角［J］．云南财经大学学报，2019，35（11）：15-25．

［67］ 陈晓，李美玲，张壮壮．环境规制、政府补助与绿色技术创新——基于中介效应模型的实证研究［J］．工业技术经济，2019，38（9）：18-25．

［68］ 陈宇峰，朱荣军．能源价格高涨会诱致技术创新吗?［J］．经济社会体制比较，2018（2）：140-150．

［69］ 陈裕．环境规制对我国海洋产业创新效率影响研究［D］．广州：广东财经大学，2020．

［70］ 崔登峰，李博文．环境规制对企业技术创新的影响机制研究——基于我国重污染行业上市公司的实证检验［J］．石河子大学学报（哲学社会科学版），2019，33（3）：48-55．

［71］ 杜军，寇佳丽，赵培阳．海洋环境规制、海洋科技创新与海洋经济绿色全要素生产率——基于DEA-Malmquist指数与PVAR模型分析［J］．生态经济，2020，36（1）：144-153；197．

［72］ 杜运周，贾良定．组态视角与定性比较分析（QCA）：管理学研究的一条新道路［J］．管理世界，2017（6）：155-167．

［73］ 范秋芳，张园园．不同环境政策工具对我国碳生产率的影响［J］．统计与决策，2023（16）：59-63．

［74］ 冯宗宪，贾楠亭．环境规制与异质性企业技术创新——基于工业行业上市公司的研究［J］．经济与管理研究，2021，42（3）：20-34．

［75］ 冯宗宪，贾楠亭，程鑫．环境规制、技术创新与企业产权性质［J］．西安交通大学学报（社会科学版），2020，40（5）：77-86．

[76] 高苇，成金华，张均. 异质性环境规制对矿业绿色发展的影响 [J]. 中国人口·资源与环境，2018，28 (11)：150-161.

[77] 高志刚，李明蕊. 正式和非正式环境规制碳减排效应的时空异质性与协同性——对 2007—2017 年新疆 14 个地州市的实证分析 [J]. 西部论坛，2020，30 (6)：84-100.

[78] 谷茹. 媒体关注、内部控制与企业技术创新 [D]. 广州：华南农业大学，2018.

[79] 顾群，翟淑萍. 融资约束、研发投资与资金来源——基于研发投资异质性的视角 [J]. 科学学与科学技术管理，2014，35 (3)：15-22.

[80] 郭捷，杨立成. 环境规制、政府研发资助对绿色技术创新的影响——基于中国内地省级层面数据的实证分析 [J]. 科技进步与对策，2020，37 (10)：37-44.

[81] 郭庆宾，刘琪，张冰倩. 不同类型环境规制对国际 R&D 溢出效应的影响比较研究——以长江经济带为例 [J]. 长江流域资源与环境，2017，26 (11)：1752-1760.

[82] 郭英远，张胜，张丹萍. 环境规制、政府研发资助与绿色技术创新：抑制或促进？——一个研究综述 [J]. 华东经济管理，2018，32 (7)：40-47.

[83] 胡珺，黄楠，沈洪涛. 市场激励型环境规制可以推动企业技术创新吗？——基于中国碳排放权交易机制的自然实验 [J]. 金融研究，2020 (1)：171-189.

[84] 胡元林，李雪. 自愿型环境规制影响企业绩效的路径研究 [J]. 生态经济，2018，34 (4)：100-103.

[85] 黄清煌，高明，吴玉. 环境规制工具对中国经济增长的影响——基于环境分权的门槛效应分析 [J]. 北京理工大学学报（社会科学版），2017，19 (3)：33-42.

[86] 黄玉林，尹崇东，安然，等. OECD 国家环境税改革比较分

析［J］. 税务研究，2014（10）：84-88.

［87］ 姜秉国，韩立民. 海洋战略性新兴产业的概念内涵与发展趋势分析［J］. 太平洋学报，2011，19（5）：76-82.

［88］ 江珂，卢现祥. 环境规制与技术创新——基于中国1997—2007年省际面板数据分析［J］. 科研管理，2011，32（7）：60-66.

［89］ 蒋伏心，王竹君，白俊红. 环境规制对技术创新影响的双重效应——基于江苏制造业动态面板数据的实证研究［J］. 中国工业经济，2013（7）：44-55.

［90］ 康志勇，汤学良，刘馨. 环境规制、企业创新与中国企业出口研究——基于"波特假说"的再检验［J］. 国际贸易问题，2020（2）：125-141.

［91］ 李广培，李艳歌，全佳敏. 环境规制、R&D投入与企业绿色技术创新能力［J］. 科学学与科学技术管理，2018，39（11）：61-73.

［92］ 李婧. 环境规制与企业技术创新效率研究［J］. 中国经济问题，2013（4）：38-44.

［93］ 李丽霞. 环境规制、政府补助与海洋战略性新兴企业技术创新［D］. 大连：大连海事大学，2021.

［94］ 李平，慕绣如. 波特假说的滞后性和最优环境规制强度分析——基于系统GMM及门槛效果的检验［J］. 产业经济研究，2013（4）：21-29.

［95］ 李月娥，李佩文，董海伦. 产权性质、环境规制与企业环保投资［J］. 中国地质大学学报（社会科学版），2018，18（6）：36-49.

［96］ 梁劲锐. 中国环境规制对技术创新的影响研究［D］. 西安：西北大学，2019.

［97］ 梁敏，曹洪军，陈泽文. 环境规制、环境责任与企业绿色技术创新［J］. 企业经济，2021，40（11）：15-23.

［98］ 刘传哲，张彤，陈慧莹. 环境规制对企业绿色投资的门槛效应及异

质性研究 [J]. 金融发展研究，2019 (6)：66-71.

[99] 刘海朋，陈东景. 海洋战略性新兴产业研究进展综述 [J]. 海洋经济，2017，7 (2)：55-64.

[100] 刘洪昌，张华. 战略性海洋新兴产业突破性技术创新路径及对策研究 [J]. 当代经济，2018 (12)：4-7.

[101] 刘津汝，曾先峰，曾倩. 环境规制与政府创新补贴对企业绿色产品创新的影响 [J]. 经济与管理研究，2019，40 (6)：106-118.

[102] 刘堃，韩立民. 海洋产业的指标体系及其前景 [J]. 重庆社会科学，2011 (10)：18-23.

[103] 刘满凤，朱文燕. 不同环境规制工具触发"波特效应"的异质性分析——基于地方政府竞争视角 [J]. 生态经济，2020，36 (11)：143-150.

[104] 刘伟，童健，薛景. 行业异质性、环境规制与工业技术创新 [J]. 科研管理，2017，38 (5)：1-11.

[105] 刘永松，王婉楠，于东平. 高技术企业技术创新效率评价及影响因素研究 [J]. 云南财经大学学报，2020，36 (11)：100-112.

[106] 刘玉凤，高良谋. 异质性环境规制、地方保护与产业结构升级：空间效应视角 [J]. 中国软科学，2020 (9)：84-99.

[107] 龙小宁，万威. 环境规制、企业利润率与合规成本规模异质性 [J]. 中国工业经济，2017 (6)：155-174.

[108] 罗艳，陈平. 环境规制对中国工业绿色创新效率改善的门槛效应研究 [J]. 东北大学学报（社会科学版），2018，20 (2)：147-154.

[109] 马鹤丹，张琬月. 环境规制组态与海洋企业技术创新——基于30家海工装备制造企业的模糊集定性比较分析 [J]. 中国软科学，2022 (3)：124-132.

[110] 马勇，童昀，任洁，等. 公众参与型环境规制的时空格局及驱动因子研究——以长江经济带为例 [J]. 地理科学，2018，

38（11）：1799-1808.

[111] 马中，谭雪，石磊，等．论环境保护税的立法思想 [J]．税务研究，2014（7）：69-74.

[112] 毛建辉．政府行为、环境规制与区域技术创新——基于区域异质性和路径机制的分析 [J]．山西财经大学学报，2019，41（5）：16-27.

[113] 毛伟，居占杰．中国战略性新兴海洋产业国际化发展评价 [J]．生态经济，2018，34（9）：99-103；110.

[114] 苗苗，苏远东，朱曦，等．环境规制对企业技术创新的影响——基于融资约束的中介效应检验 [J]．软科学，2019，33（12）：100-107.

[115] 南晓莉，张敏．政府补助是否强化了战略性新兴产业的成本粘性？[J]．财经研究，2018，44（8）：114-127.

[116] 牛晓晨，邢源源，孟凡臣．跨国技术并购因素组态与创新绩效因果关系研究——基于模糊集定性比较分析 [J]．中国软科学，2020（8）：20-35.

[117] 潘翻番，徐建华，薛澜．自愿型环境规制：研究进展及未来展望 [J]．中国人口•资源与环境，2020，30（1）：74-82.

[118] 彭星，李斌．不同类型环境规制下中国工业绿色转型问题研究 [J]．财经研究，2016，42（7）：134-144.

[119] 钱爱民，郁智．政府环境规制、官员晋升压力与企业技术创新 [J]．技术经济，2017，36（12）：11-22.

[120] 钱薇雯，陈璇．中国海洋环境规制对海洋技术创新的影响研究——基于环渤海和长三角地区的比较 [J]．海洋开发与管理，2019（7）：70-76.

[121] 秦炳涛，郭援国，葛力铭．公众参与如何影响企业绿色技术创新——基于中介效应和空间效应的分析 [J]．技术经济，2022，41（2）：50-61.

[122] 秦颖，孙慧．自愿参与型环境规制与企业研发创新关系——基于

政府监管与媒体关注视角的实证研究 [J]. 科技管理研究，2020，40（4）：254-262.

[123] 邱金龙，潘爱玲，张国珍. 正式环境规制、非正式环境规制与重污染企业绿色并购 [J]. 广东社会科学，2018（2）：51-59.

[124] 邱玉霞，郭景先. 环境规制与技术创新：基于不同类型环境规制的比较分析 [J]. 企业经济，2017，36（6）：157-164.

[125] 任胜钢，项秋莲，何朵军. 自愿型环境规制会促进企业绿色创新吗？——以 ISO 14001 标准为例 [J]. 研究与发展管理，2018（6）：1-11.

[126] 任优生，任保全. 环境规制促进了战略性新兴产业技术创新了吗？——基于上市公司数据的分位数回归 [J]. 经济问题探索，2016（1）：101-110.

[127] 阮敏，肖风. 自愿参与型环境规制与企业技术创新——公众关注度和市场进程的调节作用 [J]. 科技进步与对策，2022，39（2）：79-90.

[128] 申晨，贾妮莎，李炫榆. 环境规制与工业绿色全要素生产率——基于命令-控制型与市场激励型规制工具的实证分析 [J]. 研究与发展管理，2017，29（2）：144-154.

[129] 沈宏亮，金达. 非正式环境规制能否推动工业企业研发——基于门槛模型的分析 [J]. 科技进步与对策，2020，37（2）：106-114.

[130] 时乐乐，赵军. 环境规制、技术创新与产业结构升级 [J]. 科研管理，2018，39（1）：119-125.

[131] 孙雪娇，甦叶. 环保"费"改"税"与企业创新投入——来自环保税政策实施准自然实验的证据 [J]. 当代会计评论，2020，13（2）：57-86.

[132] 涂正革，谌仁俊. 排污权交易机制在中国能否实现波特效应？[J]. 经济研究，2015，50（7）：160-173.

[133] 王班班，齐绍洲. 市场型和命令型政策工具的节能减排技术创新

效应——基于中国工业行业专利数据的实证 [J]．中国工业经济，2016（6）：91-108.

[134] 王昌林，盛朝迅．中国海洋战略性新兴产业发展现状、问题与对策探讨 [J]．海洋经济，2021，11（5）：9-17.

[135] 王红梅．中国环境规制政策工具的比较与选择——基于贝叶斯模型平均（BMA）方法的实证研究 [J]．中国人口·资源与环境，2016，26（9）：132-138.

[136] 王杰，刘斌．环境规制与企业全要素生产率——基于中国工业企业数据的经验分析 [J]．中国工业经济，2014（3）：44-56.

[137] 王晓慧．环境约束下海域资源开发保护的思路与建议 [J]．宏观经济管理，2018（6）：36-42.

[138] 王小宁，周晓唯．西部地区环境规制与技术创新——基于环境规制工具视角的分析 [J]．技术经济与管理研究，2014（5）：114-118.

[139] 王珍愚，曹瑜，林善浪．环境规制对企业绿色技术创新的影响特征与异质性——基于中国上市公司绿色专利数据 [J]．科学学研究，2021，39（5）：909-919.

[140] 王竹君．异质型环境规制对我国绿色经济效率的影响研究 [D]．西安：西北大学，2019.

[141] 吴磊，贾晓燕，吴超，等．异质型环境规制对中国绿色全要素生产率的影响 [J]．中国人口·资源与环境，2020，30（10）：82-92.

[142] 吴涛．环境规制对中国沿海地区海洋经济绿色技术效率的影响——以海洋科技创新和产业结构变迁为中介变量 [J]．市场周刊，2022，35（6）：49-51；55.

[143] 伍格致，游达明．环境规制对技术创新与绿色全要素生产率的影响机制：基于财政分权的调节作用 [J]．管理工程学报，2019，33（1）：37-50.

[144] 席龙胜，赵辉．高管双元环保认知、绿色创新与企业可持续发展

绩效 [J]. 经济管理, 2022, 44 (3): 139-158.

[145] 夏后学, 谭清美, 商丽媛. 非正式环境规制下产业协同集聚的结构调整效应——基于 Fama-Macbeth 与 GMM 模型的实证检验 [J]. 软科学, 2017 (4): 9-14.

[146] 夏锦文. 环境规制先行接受者竞争优势分析 [J]. 商业研究, 2011 (9): 33-37.

[147] 向晓梅. 我国战略性海洋新兴产业发展模式及创新路径 [J]. 广东社会科学, 2011 (5): 35-40.

[148] 解垩. 环境规制与中国工业生产率增长 [J]. 产业经济研究, 2008 (1): 19-25; 69.

[149] 谢乔昕. 环境规制扰动、政企关系与企业研发投入 [J]. 科学学研究, 2016, 34 (5): 713-719; 764.

[150] 邢会, 王飞, 高素英. 政府补助促进企业实质性创新了吗——资源和信号传递双重属性协同视角 [J]. 现代经济探讨, 2019 (3): 57-64.

[151] 熊航, 静峥, 展进涛. 不同环境规制政策对中国规模以上工业企业技术创新的影响 [J]. 资源科学, 2020, 42 (7): 1348-1360.

[152] 杨仁发, 郑媛媛. 环境规制、技术创新与制造业高质量发展 [J]. 统计与信息论坛, 2020, 35 (8): 73-81.

[153] 杨学敏. 市场激励型环境规制、技术创新与绿色全要素生产率 [D]. 大连: 大连海事大学, 2022.

[154] 杨烨, 谢建国. 创新扶持、环境规制与企业技术减排 [J]. 财经科学, 2019 (2): 91-105.

[155] 叶祥松, 彭良燕. 我国环境规制下的规制效率与全要素生产率研究: 1999—2008 [J]. 财贸经济, 2011 (2): 102-109; 137.

[156] 易志斌. 地方政府环境规制失灵的原因及解决途径——以跨界水污染为例 [J]. 城市问题, 2010 (1): 74-77.

[157] 游达明, 蒋瑞琛. 我国环境规制工具对技术创新的作用——基于 2005—2015 年面板数据的实证研究 [J]. 科技管理研究, 2018,

38（15）：39-45.

[158] 尤济红，王鹏．环境规制能否促进 R&D 偏向于绿色技术研发？——基于中国工业部门的实证研究 [J]．经济评论，2016（3）：26-38.

[159] 于会娟，韩立民．海洋战略性新兴产业结构性产能过剩：表现、成因及对策 [J]．理论学刊，2013（3）：67-71.

[160] 于会娟，姜秉国．海洋战略性新兴产业的发展思路与策略选择——基于产业经济技术特征的分析 [J]．经济问题探索，2016（7）：106-111.

[161] 于金，李楠．高管激励、环境规制与技术创新 [J]．财经论丛，2016（8）：105-113.

[162] 于鹏，李鑫，张剑，等．环境规制对技术创新的影响及其区域异质性研究——基于中国省级面板数据的实证分析 [J]．管理评论，2020，32（5）：87-95.

[163] 余伟，陈强，陈华．环境规制、技术创新与经营绩效——基于 37 个工业行业的实证分析 [J]．科研管理，2017，38（2）：18-25.

[164] 原毅军，谢荣辉．环境规制的产业结构调整效应研究——基于中国省际面板数据的实证检验 [J]．中国工业经济，2014（8）：57-69.

[165] 苑清敏，冯冬．我国海洋战略性新兴产业区域差异及生产效率分析研究 [J]．软科学，2014，28（12）：42-45；64.

[166] 张宝．规制内涵变迁与现代环境法的演进 [J]．中国人口·资源与环境，2020，30（12）：155-163.

[167] 张东敏，杨佳，刘座铭．异质性环境政策对企业技术创新能力影响实证分析——基于双向固定效应模型 [J]．商业研究，2021（4）：68-74.

[168] 张国兴，冯祎琛，王爱玲．不同类型环境规制对工业企业技术创新的异质性作用研究 [J]．管理评论，2021，33（1）：92-102.

[169] 张江雪，蔡宁，杨陈．环境规制对中国工业绿色增长指数的影响 [J]．中国人口·资源与环境，2015，25（1）：24-31.

[170] 张晋升，祁志慧．虚假新闻高热度传播组合路径研究——基于57例虚假新闻的清晰集定性比较分析（QCA）[J]．西南民族大学学报（人文社科版），2020（2）：178-187.

[171] 张静，姜秉国．我国海洋战略性新兴产业发展的政策体系研究[J]．中国渔业经济，2015，33（4）：4-11.

[172] 张克森．隐性环境规制与节能减排的关系研究——以中国东部地区2005—2016年95城市面板数据为例[J]．重庆社会科学，2019（10）：80-91.

[173] 张嫚．环境规制对企业竞争力的影响[J]．中国人口·资源与环境，2004（4）：128-132.

[174] 张明，陈伟宏，蓝海林．中国企业"凭什么"完全并购境外高新技术企业——基于94个案例的模糊集定性比较分析（fsQCA）[J]．中国工业经济，2019（4）：117-135.

[175] 张明，杜运周．组织与管理研究中QCA方法的应用：定位、策略和方向[J]．管理学报，2019，16（9）：1312-1323.

[176] 张明，蓝海林，陈伟宏，等．殊途同归不同效：战略变革前因组态及其绩效研究[J]．管理世界，2020（9）：168-186.

[177] 张平，张鹏鹏，蔡国庆．不同类型环境规制对企业技术创新影响比较研究[J]．中国人口·资源与环境，2016，26（4）：8-13.

[178] 张倩．环境规制对绿色技术创新影响的实证研究——基于政策差异化视角的省级面板数据分析[J]．工业技术经济，2015，34（7）：10-18.

[179] 张倩．市场激励型环境规制对不同类型技术创新的影响及区域异质性[J]．产经评论，2015（2）：36-48.

[180] 张倩，曲世友．环境规制对企业绿色技术创新的影响研究及政策启示[J]．中国科技论坛，2013（7）：11-17.

[181] 张倩，姚平．波特假说框架下环境规制对企业技术创新路径及动态演化的影响[J]．工业技术经济，2018，37（8）：52-59.

[182] 张硕，赵息．战略性新兴产业政府补助与研发投入产出研

究［J］. 天津大学学报（社会科学版），2018，20（6）：495-502.

［183］张琬月. 环境规制组态对海工装备制造企业技术创新的影响［D］. 大连：大连海事大学，2021.

［184］张小筠，刘戒骄，李斌. 环境规制、技术创新与制造业绿色发展［J］. 广东财经大学学报，2020，35（5）：48-57.

［185］张璇，刘贝贝，汪婷. 信贷寻租、融资约束与企业创新［J］. 经济研究，2017，52（5）：161-174.

［186］张钰曼. 环境规制对企业绿色技术创新行为的驱动路径研究［D］. 大连：大连理工大学，2023.

［187］赵红. 环境规制对企业技术创新影响的实证研究——以中国30个省份大中型工业企业为例［J］. 软科学，2008（6）：121-125.

［188］赵莉，薛钥，胡逸群. 环境规制强度与技术创新——来自污染密集型制造业的实证［J］. 科技进步与对策，2019，36（10）：59-65.

［189］赵玉杰. 环境规制对海洋科技创新引致效应研究［J］. 生态经济，2019，35（10）：143-153.

［190］赵玉民，朱方明，贺立龙. 环境规制的界定、分类与演进研究［J］. 中国人口·资源与环境，2009，19（6）：85-90.

［191］郑洁，刘舫，赵秋运，等. 环境规制与高质量创新发展：新结构波特假说的理论探讨［J］. 经济问题探索，2020（12）：171-177.

［192］仲雯雯，郭佩芳，于宜法. 中国战略性海洋新兴产业的发展对策探讨［J］. 中国人口·资源与环境，2011，21（9）：163-167.

［193］周迪，彭小玲，黄晴. 命令型环境规制能否推动企业研发创新活动?——以"大气十条"为例［J］. 科研管理，2022，43（10）：81-88.

［194］周冯琦，程进，陈宁，等. 中国环境绩效管理理论与实践［M］. 上海：上海社会科学院出版社，2022.

[195] 周海华，王双龙．正式与非正式的环境规制对企业绿色创新的影响机制研究 [J]．软科学，2016，30（8）：47-51．

[196] 邹志勇，辛沛祝，晁玉方，等．高管绿色认知、企业绿色行为对企业绿色绩效的影响研究——基于山东轻工业企业数据的实证分析 [J]．华东经济管理，2019，33（12）：35-41．

[197] 殷继国．论创新友好型规制模式的逻辑意蕴与路径选择 [J]．华南师范大学学报（社会科学版），2019（2）：142-148．

[198] ARDUINI R，CESARONI F．Environmental technologies in the European chemical industry [R]．LEM Working Paper，2001．

[199] 植草益．微观规制经济学 [M]．朱绍文，胡欣欣，等译．北京：中国发展出版社，1992．

[200] VISCUSI W K，VERNON J M，HARRINGTON J E．Economics of regulation and antitrust [M]．Cambridge，MA：MIT Press，2000．

[201] 史普博．规制与市场 [M]．余晖，等译．上海：上海人民出版社，1999．

[202] 余晖．政府管制与行政改革 [J]．中国工业经济，1997（5）：29-32．

[203] 刘伟，童健，薛景．行业异质性、环境规制与工业技术创新 [J]．科研管理，2017，38（5）：1-11．

[204] 臧传琴．环境规制工具的比较与选择——基于对税费规制与可交易许可证规制的分析 [J]．云南社会科学，2009（6）：97-102．

[205] 赵敏．环境规制的经济学理论根源探究 [J]．经济问题探索，2013（4）：152-155．

[206] 李真，张红凤．中国社会性规制绩效及其影响因素的实证分析 [J]．经济学家，2012（10）：48-57．

[207] 时乐乐，赵军．环境规制、技术创新与产业结构升级 [J]．科研管理，2018，39（1）：119-125．

[208] 王凤翔，陈柳钦．地方政府为本地竞争性企业提供财政补贴的理

性思考［J］．经济研究参考，2006（33）：18-23；44.

［209］步丹璐，王晓艳．政府补助、软约束与薪酬差距［J］．南开管理评论，2014，17（2）：23-33.

［210］曹建海，邓菁．补贴预期、模式选择与创新激励效果——来自战略性新兴产业的经验证据［J］．经济管理，2014，36（8）：21-30.

［211］王维，李昊展，乔朋华，等．政府补助方式对新能源汽车企业绩效影响研究——基于企业成长性的深入分析［J］．科技进步与对策，2017，34（23）：114-120.

［212］向扬．政府补助对企业绩效的影响——以比亚迪为例［J］．商场现代化，2023（9）：16-18.

［213］刘堃，韩立民．海洋战略性新兴产业形成机制研究［J］．农业经济问题，2012，33（12）：90-96.

［214］ PORTER M E．America's green strategy［J］．Scientific American，1991，264（4）：193-246.

［215］阿瑟．技术的本质［M］．曹东溟，王健，译．杭州：浙江人民出版社，2014.

索引